Vegetarische Küche

100 einfache Rezepte nach italienischer Tradition

ACADEMIA BARILLA

WHITE STAR VERLAG

HERAUSGEGEBEN VON

ACADEMIA BARILLA

EINFÜHRUNG

GIANLUIGI ZENTI

REZEPTE

KÜCHENCHEF MARIO GRAZIA
MARIAGRAZIA VILLA

FOTOGRAFIEN

ALBERTO ROSSI
KÜCHENCHEF MARIO GRAZIA
KÜCHENCHEF LUCA ZANGA

KOORDINATION ACADEMIA BARILLA

ILARIA ROSSI
CHATO MORANDI

GRAFISCHE GESTALTUNG

PAOLA PIACCO

ACADEMIA
BARILLA

Im Herzen von Parma, einer der kulinarischen Hochburgen Italiens, wurde 2004 die Academia Barilla gegründet. Sie bewahrt die Tradition der italienischen Küche, pflegt das Erbe der regionalen Gastronomie und versucht sie vor Nachahmungen und Verfälschungen zu schützen. Sie organisiert des Weiteren Seminare für alle, die sich mit Leidenschaft dem Thema Kochen verschrieben haben, berät und unterstützt das Gastgewerbe und präsentiert Produkte von höchster Qualität. 2007 wurde die Kochakademie mit dem „Premio Impresa Cultura" ausgezeichnet, der ihren weltweiten Einsatz zur Förderung der italienischen Kultur und Kreativität der italienischen Gastronomie würdigte.
Das Zentrum ist auf die Bedürfnisse und Anforderungen der gastronomischen Welt ausgerichtet und erfüllt alle technischen Voraussetzungen für die Organisation größerer Veranstaltungen: ein Auditorium mit einer Schauküche, ein Labor für sensorische Analysen und mit der neuesten Technik ausgestattete Unterrichtsräume. Die Bibliothek umfasst über 11 000 Fachbücher und eine eindrucksvolle Sammlung historischer Speisekarten, ebenso wie Kunstdrucke mit kulinarischen Motiven. Das beeindruckende Kulturerbe der Bibliothek ist per Internet mit Zugang zu Hunderten digitalisierten historischen Texten abrufbar.
Mit ihrer zukunftsweisenden Ausrichtung und ihrem international angesehenen Expertenteam bietet die Academia Barilla ein umfangreiches Kursprogramm an, das sich gleichermaßen an professionelle Küchenchefs wie Hobbyköche richtet. Seit 2011 gibt es ein reichhaltiges Angebot an kulinarischen Exkursionen, deren Ziel die Entdeckung der Regionen, Produkte und typischen Rezepte Italiens ist. Zudem organisiert die Academia Barilla unter Beteiligung von Experten, Köchen und Restaurantkritikern kulturelle Veranstaltungen und Aktivitäten rund um die Kochkunst, die auch für ein breites Publikum zugänglich sind.

INHALT

EINFÜHRUNG

Gemüse und Kräuter, Hülsenfrüchte und Getreide, Pilze und Trüffeln, selbst die Blüten einiger Pflanzen – diese Zutaten sind das Herz der italienischen Küche. Die heißen Sommer, die spärlichen Regenfälle und die spezifischen Landschaftsformen haben dazu geführt, dass die ganze Apenninenhalbinsel mit Gemüsegärten und Anbauflächen überzogen ist – dieses Land ähnelt einem wunderbaren, lebendigen Teppich, der ebenso farbenprächtig wie vielfältig ist.

Er liefert eine schier unendliche Palette von Speisen, die in so vielen Variationen und mit einer Erfindungsgabe und Raffinesse zubereitet werden, die ihresgleichen suchen. Italiener lieben die Früchte ihres Bodens und nutzen sie fantasievoll. Gemüse war schon immer ein grundlegender Bestandteil der gastronomischen Kultur des Landes und formte über die Jahrhunderte hinweg den Geschmack der Italiener aller sozialer Schichten, wobei sich diese enge Beziehung in jüngerer Zeit noch verstärkt hat. Sei es aus Gesundheitsgründen, sei es aus ökologischen oder ethischen Motiven, wenden sich heute immer mehr Menschen einer vegetarischen Lebensweise ohne Fleisch oder Fisch zu; andere (etwa Veganer) verzichten sogar auf Eier und Milchprodukte.

Die Erde Italiens bringt vielfältige Zutaten hervor, die sich für diese Art von Küche eignen – vom Chicorée aus Treviso und den Pachino-Tomaten, bis zum grünen Spargel aus der Romagna, von römischen Artischocken und roten Zwiebeln aus Tropea, bis hin zu sizilianischen Auberginen –, sodass es einer vegetarischen Tafel niemals an Geschmack, Farbe und Vorstellungskraft fehlen wird. Früchte und Gartenprodukte eignen sich für alle Gerichte, die eine typisch italienische Mahlzeit ausmachen. Gemüse kann man einfach nur roh mit einem Dip genießen; darüber hinaus wird es überall aber auch gedämpft, gekocht, geschmort oder mit bestem Olivenöl oder Butter angeschwitzt, mariniert, gegrillt, in Öl mit Knoblauch und Petersilie gebraten, mit oder ohne Teig und Semmelbrösel gebacken oder frittiert. Es gehört zu Focaccia-Brot und schmackhaftem Backwerk

EIN FEST DER FARBEN UND AROMEN

(die Mangoldpastete der Emilia-Romana und der Ligurische Osterkuchen sind zwei berühmte Beispiele dafür), in Aufläufe und Pasteten oder cremige Pürees. Blattgemüse findet sich roh oder gekocht in Salaten, die – in einer wunderbaren Kombination der Farben und Aromen – mit weiteren Zutaten gewürzt und veredelt werden. Es gibt eine ganze Reihe von Techniken, wie man Gemüse in Essig und Öl einlegt (wie Peperonata oder Caponata) und Gemüse füllt und gratiniert (vor allem Tomaten, Paprika, Auberginen, Zwiebeln und Zucchini).

Aus gegarten Hülsenfrüchten bereitet man lockere Pürees zu, aber sie bereichern auch schmackhafte Salate. In Verbindung mit Getreideprodukten liefern Hülsenfrüchte hochwertige Proteine (die tierischen Produkten gleichwertig sind) und eignen sich deshalb als Hauptgericht.

Eine zentrale Rolle spielen Gemüse und Hülsenfrüchte in Nudelgerichten (Pasta), Suppen und Reisgerichten, in pikanten Vorspeisen und Hauptgerichten (dies gilt auch für Pilze, während Trüffeln als raffinierte Zutat zum Einsatz kommen). Auf diese Weise sind sie nicht mehr nur Beilage, sondern rücken zur Hauptspeise auf. In der modernen Küche, die großen Wert auf Leichtigkeit legt, erfüllen sie ihre Aufgabe als schmackhafte, eigenständige Mahlzeit bestens.

Werden sie aber als Zwischengericht oder Beilage serviert (die immer genau auf das Gericht, zu dem man sie serviert, abgestimmt sein muss und ähnlich oder gegensätzlich, aber niemals gleich sein darf), fällt die Portion natürlich deutlich kleiner aus und muss im richtigen Verhältnis zum Hauptgericht stehen. Im Rahmen einer eigenständigen Mahlzeit wiederum wird die Portion größer sein.

Welche Rolle sie auch immer bei den einzelnen Gängen einer Mahlzeit einnehmen, die typisch italienischen Rezepte mit Gemüse stellen immer eine Komposition aus Farben, Texturen und Aromen dar – sie schenken uns ein Fest für die Sinne und Gaumenfreuden, die die Gäste begeistern und allen ein Gefühl von Wohlbefinden vermitteln werden.

DIE VORSPEISE

AROMATISCHE OUVERTÜRE

Die Vorspeise eröffnet den Reigen, regt den Appetit und die Vorstellungskraft an, ohne zu sättigen und von den kommenden Gaumenfreuden abzulenken. Sie gibt einen Vorgeschmack auf die Aromen der folgenden Gänge, ohne sie zu übertreffen oder in den Schatten zu stellen. Das Konzept wurde Mitte des 19. Jahrhunderts als Teil des traditionellen Banketts eingeführt, bei dem die Gänge nach den Regeln der „Russischen Servierfolge" in einer bestimmten Ordnung nacheinander aufgetragen werden. Der heutige Lebensrhythmus und die modernen Ernährungsgewohnheiten drohen die Vorspeise heute auch in Italien aus dem Alltag zu verdrängen. Das ist bedauerlich, denn der kulinarische Genius des Landes kommt im Kleinen zweifellos am besten dort zum Ausdruck, wo problemlos zwischen warmen und kalten, komplizierten und einfachen Leckerbissen variiert werden kann.

Im Rahmen der „typisch italienischen Vorspeise" spielen die „Antipasti dell'Orto" („Vorspeisen aus dem Gemüsegarten") eine führende Rolle, im Gegensatz zu jenen Gerichten, deren Zutaten aus der Landwirtschaft oder aus dem Meer stammen). Darin drückt sich die auf der Apenninenhalbinsel tief verwurzelte Gartenkultur aus. Zu den Merkmalen der mediterranen Küche im Allgemeinen und der italienischen im Besonderen gehören die saisonalen Zutaten untrennbar dazu, die im Einklang mit der jeweiligen Jahreszeit die Formen und Aromen der Gerichte von Monat zu Monat verändern.

Vegetarische Rezepte können auch Eier und frischen oder gereiften Käse, etwa den verführerischen Burrata oder den allgegenwärtigen Parmigiano Reggiano enthalten. Im Zentrum aber stehen Eingemachtes, Eingelegtes und Pickles, ebenso wie eine Vielfalt knuspriger Bruschetta- und einladender Caponata-Variationen. Herzhafte Vorspeisen nutzen die vielfachen Möglichkeiten, die Kartoffeln oder Pilze eröffnen. Frittierte Gerichte stehen gleichberechtigt neben anderen, leichteren, bei denen häufig die Tomate die vorherrschende Rolle spielt. So entsteht eine Vielzahl von Gerichten aus Gemüse, sei es in gekochter oder roher Form, ob als eingelegte, süße Zwiebeln oder Salate oder verfeinert durch Zitrusfrüchte und anderes frisches oder getrocknetes Obst. Eine leichte Option, perfekt abgestimmt auf gesunde Kost, die zudem appetitanregend wirkt.

Zutaten für 4 Personen

1 kg Kirschtomaten
150 g geschälte Zwiebeln
100 g Karotte
70 g Staudensellerie
50 g Paprika
2 geschälte Knoblauchzehen
30 ml Natives Olivenöl Extra
1 Teelöffel glatte gehackte Petersilie
1 Bund Basilikum
1 entkernte Chilischote
20 g Tomatenmark
Salz, Pfeffer

Leicht

Vorbereitung: 15 Minuten
Garzeit: 2 Stunden

PIEMONTESER TOMATENSAUCE – BAGNETTO ROSSO

Die Tomaten enthäuten, entkernen und vierteln, dann beiseitestellen. Die Zwiebeln, die Karotte, den Sellerie und die Paprika fein würfeln, den Knoblauch fein hacken. In einem Topf mit etwas Öl das Gemüse bis auf die Tomaten andünsten. Wenn das Ganze etwas zusammengefallen ist, die Petersilie, den Basilikum und die Chilischote untermischen.
Nach ein paar Minuten die Tomatenstücke mit dem Tomatenmark dazugeben und das Ganze mit Salz und Pfeffer abschmecken.
Die Sauce bei geringer Hitze etwa 2 Stunden kochen lassen, dabei hin und wieder umrühren.
Am Ende der Kochzeit nochmals mit Salz und Chili abschmecken.

BRUSCHETTA MIT TOMATEN, BASILIKUM UND BESTEM OLIVENÖL

Die Basilikumblätter waschen und trocken tupfen.
Das Stangenbrot in etwa 1 Zentimeter dicke Scheiben schneiden und im Backofen oder in einer Pfanne rösten.
Dann die Brotscheiben mit der ganzen Knoblauchzehe leicht einreiben.
Die Tomaten fein würfeln, mit Salz, Öl und dem grob gehackten Basilikum vermischen und einige Minuten ziehen lassen.
Die Tomatenmischung auf den gerösteten Brotscheiben verteilen. Große Scheiben gegebenenfalls halbieren.

ZUTATEN FÜR 4 PERSONEN

4-5 Basilikumblätter
300 g Baguette
1 geschälte Knoblauchzehe
3 San-Marzano-Tomaten
Salz
20 ml Natives Olivenöl Extra

Leicht

Zubereitung: 20 Minuten

GEMÜSE-CAPONATA

Leicht

Vorbereitung: 30 Minuten

Garzeit: 15 Minuten

Zutaten für 4 Personen

1 Aubergine
Salz
100 ml Natives Olivenöl Extra
50 g Staudensellerie
100 g Zucchini
50 g geschälte Zwiebeln
15 g Rosinen
20 g in Salz eingelegte Kapern
15 g Pinienkerne
25 g schwarze Oliven
100 g geschälte Tomaten (Tomatenfleisch)
5 ml Essig
10 g Zucker
Pfeffer
15 g geschälte Pistazien
1 Bund frisches Basilikum

Die Aubergine putzen, waschen, trocken tupfen und würfeln. Die Auberginenwürfel in ein Sieb geben, leicht salzen und etwa 30 Minuten abtropfen lassen, damit sie das überschüssige Wasser und die Bitterstoffe abgeben. 70 Milliliter Öl in einer Pfanne erhitzen, die Auberginenwürfel darin anbraten, herausnehmen und auf Küchenkrepp abtropfen lassen.

Sellerie und Zucchini putzen, waschen und mit den Zwiebeln nicht zu fein würfeln. Dann Sellerie und Zwiebeln in einer Pfanne im restlichen Öl leicht anbräunen. Die Zucchiniwürfel dazugeben und ebenfalls leicht anbraten.

Die Rosinen (wenn sie zu trocken sind, vorher 15 Minuten in lauwarmem Wasser einweichen und das Wasser dann ausdrücken), die unter fließendem Wasser vom Salz befreiten Kapern, die Pinienkerne und schwarzen Oliven zusammen mit dem Tomatenfleisch und den angebratenen Auberginenwürfel dazugeben und alles gut vermischen. Die Caponata ein paar Minuten lang dünsten und mit Essig, Zucker Salz und Pfeffer süßsauer abschmecken. Zuletzt noch die Pistazien untermischen und die Caponata mit den gewaschenen, trocken getupften und von Hand gezupften Basilikumblättern bestreuen.

Leicht

Vorbereitung: 30 Minuten

Garzeit: 3–5 Minuten

KARTOFFELKÖRBCHEN MIT VIOLETTEN KARTOFFELCHIPS

ZUTATEN FÜR 4 PERSONEN

200 g violette Kartoffeln
400 g Kartoffeln mit gelbem Fleisch
reichlich Pflanzenöl zum Frittieren
Salz

Die violetten Kartoffeln schälen, dann mit dem Kartoffelhobel in dünne Scheibchen schneiden und in kaltes Wasser legen. Auch die gelben Kartoffeln schälen und mit einem Hobel mit gezackter Klinge schneiden, dabei die Kartoffel bei jedem Schnitt um 90 Grad drehen. So erhält man „Kartoffelgitterchen". Auch diese Kartoffeln in kaltes Wasser legen.

Reichlich Öl in einem passenden Topf oder der Fritteuse auf 180 °C erhitzen. Einige „Gitterchen" auf den Boden eines Siebs legen und mit einem Sieb gleicher Größe in Form drücken. So im heißen Öl goldgelb backen und auf Küchenpapier abtropfen lassen. Ein wenig salzen. Wiederholen, bis alle Kartoffelgitterchen verbraucht sind.

Wenn die Körbchen fertig sind, auch die Chips aus violetten Kartoffeln frittieren. Mit der Schaumkelle auf Küchenpapier abschöpfen und salzen. Die Körbchen mit Chips füllen und servieren.

**Zutaten
für 4 Personen**

800 g Borettana-
Zwiebeln
40 g Butter
40 g Zucker
100 ml trockener Marsala
250 ml Gemüsebrühe
Salz

Leicht

Vorbereitung: 15 Minuten
Garzeit: 30 Minuten

BORETTANA-ZWIEBELN IN MARSALA-GELEE

Die Zwiebeln schälen, putzen und mit der Butter und dem Zucker in einem Topf erhitzen.
Sobald der Zucker geschmolzen ist, den Marsala zugießen und verdampfen lassen. Dann die Gemüsebrühe langsam angießen und die Zwiebeln zugedeckt bei schwacher Hitze köcheln lassen, bis sie weich, aber noch bissfest sind.
Den Deckel gegen Ende der Garzeit abnehmen und die Flüssigkeit bis zur gewünschten Dicke reduzieren. Das Gemüse nach Belieben mit Salz abschmecken.

TOMATENGELEE MIT BASILIKUM UND BURRATA

Die Basilikumblätter waschen und trocken tupfen.
Die Tomaten enthäuten, entkernen, den Stielansatz entfernen und das Fruchtfleisch mit einem Pürierstab pürieren. Nach Geschmack salzen und pfeffern.
Die Gelatine in kaltem Wasser einweichen. In einem Topf einen Teil des Tomatenpürees erhitzen und darin die gut ausgedrückte Gelatine auflösen. Diese Mischung gut mit dem übrigen Tomatenpüree verrühren, die gehackten Basilikumblätter hinzufügen, das Püree in kleine Gläser gießen und im Kühlschrank mindestens 2 Stunden fest werden lassen.
Dann in jedes Glas ein Stück Burrata-Käse geben, mit etwas Öl beträufeln, nach Geschmack garnieren und servieren.

ZUTATEN FÜR 4 PERSONEN

4–5 Basilikumblätter
500 g reife Tomaten
Salz, Pfeffer
3 Blätter Gelatine
150 g Burrata (Frischkäse aus Kuhmilch)
Natives Olivenöl Extra

Leicht

Vorbereitung: 30 Minuten
Ruhezeit: 2 Stunden

Leicht

Vorbereitung: 30 Minuten

Garzeit: 5 Minuten

FRITTIERTES GEMÜSE

Zutaten für 4 Personen

150 g Zucchini
150 g Paprika
150 g Auberginen
150 g Tropea-Zwiebeln
Natives Olivenöl Extra
50 g Kürbisblüten
200 ml Milch
200 g Mehl
Salz

Das Gemüse putzen, schälen und alles – mit Ausnahme der Kürbisblüten – in Streifen schneiden. Reichlich Öl in einem großen Topf erhitzen.
Die Gemüsestreifen und die ganzen Kürbisblüten in die Milch tauchen und mit dem Mehl panieren, Überschüsse abschütteln. Das Gemüse im heißen Öl goldbraun frittieren.
Das frittierte Gemüse mit einem Schaumlöffel aus dem Öl nehmen und auf Küchenkrepp abtropfen lassen.
Mit Salz bestreuen und sehr heiß servieren.

**Zutaten
für 4 Personen**

50 g Feldsalat
2 Orangen
2 Pampelmusen
2 Zitronen
Salz, Pfeffer
50 ml Natives Olivenöl
Extra

Leicht

Zubereitung: 20 Minuten

Salat aus Orangen, Pampelmusen und Zitronen

Den Feldsalat putzen, waschen und in einer Salatschleuder trocknen.
Die Zitrusfrüchte sorgfältig von Schale und Haut befreien. Das Fruchtfleisch in Stücke oder Scheiben schneiden. Den austretenden Saft auffangen.
Nun den Fruchtsaft in einer Schüssel mit Salz, Pfeffer und Öl verrühren.
Das Fruchtfleisch auf einem Bett aus dem vorher gewaschenen und getrockneten Feldsalat anrichten und mit dem Dressing beträufeln.

ROTE-BETE-SALAT

Die gekochte Rote Bete schälen, in etwa 2 Zentimeter große Würfel schneiden und in eine ausreichend große Schüssel geben.
Die Rote Bete mit Öl und Essig beträufeln und mit Salz und Pfeffer bestreuen. Die ganze Knoblauchzehe dazugeben, alles gut vermengen, mindestens 15 Minuten ziehen lassen, dann den Knoblauch entfernen.
Inzwischen den Blattsalat waschen, trocknen und auf Teller verteilen. Am Ende der Marinierzeit die Rote Bete auf dem Blattsalat anrichten und mit Mandelstiften und gehackten Pistazien bestreuen.

Zutaten für 4 Personen

600 g Rote Bete
60 ml Natives Olivenöl Extra
20 ml Weißweinessig
Salz, Pfeffer
1 geschälte Knoblauchzehe
200 g Blattsalat nach Wahl
75 g Mandelstifte
75 g gehackte Pistazien

Leicht

Vorbereitung: 10 Minuten
Marinieren: 15 Minuten

Zutaten für 4 Personen

300 g Weißkohl
60 g geröstete Haselnüsse
100 g getrocknete Aprikosen
100 ml Natives Olivenöl Extra
30 ml Weißweinessig
Salz, Pfeffer

Leicht

Zubereitung: 20 Minuten

KRAUTSALAT MIT GETROCKNETEN APRIKOSEN UND HASELNÜSSEN

Die äußeren Blätter des Kohlkopfs entfernen, den Rest in feine Streifen schneiden, waschen und gut abtropfen lassen.

Die gerösteten Haselnüsse grob hacken. Die Aprikosen in dünne Streifen schneiden.

Das Öl und den Essig mit Salz und Pfeffer in einer Schüssel zu einem Dressing verquirlen, über den Kohl geben und alles gut vermischen. Zuletzt die Aprikosen und Haselnüsse untermengen.

SALAT AUS SOJASPROSSEN, KAROTTEN UND WASSERMELONE

Die Karotten schälen und anschließend mit einem Sparschäler oder einem Hobel in dünne Streifen schneiden. Für ungefähr 10 Minuten in ein Wasserbad mit Eis legen und beiseitestellen.
Die Wassermelone von Schale und Kernen befreien und anschließend in Würfel schneiden.
Nun die Sojasprossen waschen, die Karottenstreifen abgießen und beides auf einem Küchenhandtuch trocknen lassen. Alles in einer großen Schüssel vermengen und vor dem Servieren nach Geschmack mit Sojasauce und Öl abschmecken.

Zutaten für 4 Personen

200 g Karotten
350 g Wassermelone
150 g Sojasprossen
Sojasauce (nach Belieben)
Natives Olivenöl Extra (nach Belieben)

Leicht

Zubereitung: 20 Minuten

Zutaten für 4 Personen

600 g Mango
250 g gelbe Paprika
200 g Karotten
100 ml Natives Olivenöl Extra
Saft von 1 Zitrone
Salz

Leicht

Zubereitung: 20 Minuten

SALAT AUS MANGO, GELBER PAPRIKA UND KAROTTEN

Die Mango waschen und schälen. Die Paprika waschen, vom Stielansatz und den Kernen befreien, putzen und in feine Streifen schneiden. Die Karotten schälen. Alles in feine Streifen schneiden und in eine Schüssel geben.

Im Mixer ein Viertel des Mangofleischs mit dem Öl, dem Zitronensaft und dem Salz aufmixen und unter die Salatzutaten mischen. Den Salat nach Belieben in der Schüssel oder in aufgeschnittenen und ausgehöhlten Paprikaschoten anrichten.

SALAT AUS KNOLLENSELLERIE, RADICCHIO UND ANANAS

Den Radicchio waschen, trocknen und in mundgerechte Stücke reißen.
Die Ananas schälen und würfeln. Den Knollensellerie ebenfalls schälen, in feine Scheiben und dann in Streifen schneiden. Den Zitronensaft zusammen mit den Selleriestreifen in eine Schüssel mit kaltem Wasser geben, damit der Sellerie nicht braun wird.
Ein Viertel der Ananas mit dem Pürierstab pürieren, mit dem Öl vermengen und mit Salz und Pfeffer abschmecken. Die restliche Ananas mit dem Sellerie in eine Schüssel geben und das Dressing unterheben.
Den Salat auf einem Bett aus Radicchio anrichten und nach Belieben mit gehackter Petersilie bestreuen.

ZUTATEN FÜR 4 PERSONEN

100 g Radicchio
1/2 frische Ananas
300 g Knollensellerie
Saft von 1 Zitrone
60 ml Natives Olivenöl Extra
Salz, Pfeffer
gehackte Petersilie (nach Belieben)

Leicht

Zubereitung: 30 Minuten

ZUTATEN
FÜR 4-6 PERSONEN

600 g Kartoffeln mit gelbem, weißem und violettem Fleisch
Salz, Pfeffer
50 ml Natives Olivenöl Extra
einige frische Zweige Thymian
200 g Tomaten

Leicht

Vorbereitung: 10 Minuten
Garzeit: 20 Minuten

KARTOFFEL-MILLE-FEUILLE

Die Kartoffeln waschen, 12 bis 15 Minuten lang kochen (sie sollten noch fest sein), abkühlen lassen, schälen und in 5 bis 6 Millimeter dicke Scheiben schneiden.
Die Kartoffelscheiben auf einen sehr heißen Grill legen, ein paar Minuten grillen, salzen, pfeffern, mit etwas Öl beträufeln und die Thymianzweige darübergeben.
Für die Mille-Feuille die Kartoffelscheiben schichtweise in einer Auflaufform anrichten.
Tomaten waschen, entkernen, das Fruchtfleisch würfeln und etwas abtropfen lassen. Die Mille-Feuille mit den Tomatenstücken garnieren.

FRITTIERTE POLENTA

Für die Polenta das Maismehl langsam in 0,5 Liter kochendes Salzwasser geben (wenn möglich, einen Kupfertopf verwenden). Etwa 30 Minuten lang kochen lassen, dabei öfter mit einem Holzkochlöffel umrühren.
Die gekochte Polenta in eine geölte Pfanne geben und so verteilen, dass sie eine etwa 1 Zentimeter dicke Schicht bildet. Nachdem sie vollständig abgekühlt ist, in Streifen oder Dreiecke schneiden.
Dann reichlich Öl in einem Topf oder einer Fritteuse erhitzen und die Polentastücke darin goldbraun frittieren. Mit einem Schaumlöffel herausnehmen und auf Küchenkrepp abtropfen lassen. Mit Salz bestreuen und sehr heiß servieren.

Zutaten für 4 Personen

125 g Maismehl
Salz
reichlich Öl zum Frittieren

Leicht

Vorbereitung: 1 Stunde
Garzeit: 5 Minuten

DER ERSTE GANG

HEIMLICHER STAR DER VEGETARISCHEN KÜCHE

Der erste Gang ist in der italienischen Küche sehr wichtig. Seine Gerichte sind heute sehr beliebt, weil sie sich auch als eigenständige Mahlzeit eignen. Vorherrschend ist das Nudelgericht, die Pasta, das aufgrund seiner Wandlungsfähigkeit und Formenvielfalt fast unendlich viele vegetarische Speisen erlaubt. Die meisten Rezepte unserer Auswahl sind typisch mediterran und stehen entweder im Zeichen der Tomate (wie beispielsweise die klassischen Spaghetti mit Tomatensauce oder die marinierten Tomaten mit hartem Ricotta, aber auch die exquisiten Bavette alla Puttanesca und gratinierten Ziti Napoletani) oder verwenden andere Köstlichkeiten aus dem Garten wie Erbsen und Artischocken, Kürbis und Zucchini, Auberginen und Karotten, Spargel und Radicchio, Paprikaschoten und Zwiebeln. Daneben stehen herrliche Pilzgerichte, verfeinert mit Sahne, Käse, aromatischen Kräutern und Balsamico-Essig, oder fröhliche Pasta-Salate und aufwendige Reisgerichte.

Aus Vollkorn- oder herkömmlicher Pasta zaubert die vegetarische Küche die vielfältigsten Formen, Aromen, Farben und Geschmacksnoten. Eine Freude für den Gaumen und die Sinne. Aber aufgepasst! Jede Nudelform benötigt eine bestimmte Art von Sauce, um den besten Geschmack zu entwickeln. Die Rezepte werden Ihnen dabei helfen, Ihr Gespür für Formen und Aromen zu verfeinern, damit Sie die beste Kombination von Pasta mit Gemüse erkennen und mit immer neuen Varianten experimentieren können.

Suppen aller Art regen die Vorstellungskraft und kreative Inspiration an. Von der Kartoffel bis zu Brokkoli und Kürbis, von den Hülsenfrüchten bis zu den Getreiden, von der unverwechselbaren Esskastanie zur unverzichtbaren Tomate, gibt es auch hier fast unbegrenzte Möglichkeiten, um mit den Zutaten zu spielen, die uns die Natur anbietet. Schwelgen Sie in den Klassikern der regionalen Küche, wie der Minestrone nach Genueser Art, oder frönen Sie Spezialitäten wie dem Gazpacho, die aus der Vermischung mediterraner Aromen entstehen.

Der Kreis schließt sich mit der Raffinesse des Risotto mit Castelmagno oder des Risotto alla Parmigiana, traditionellen Rezepten aus der Po-Ebene, die jedoch mit Gemüsebrühe zubereitet wurden, und einem Stützpfeiler der italienischen Küche, der unverzichtbaren Pizza alla Napoletana.

BAVETTE ALLA PUTTANESCA

Leicht

Vorbereitung: 30 Minuten

Garzeit: 6 Minuten

Zutaten für 4 Personen

30 ml Natives Olivenöl Extra
1–2 geschälte Knoblauchzehen
frische oder getrocknete Chili, Menge nach Belieben
30 g in Salz eingelegte Kapern
25 g Sardellenfilets in Öl
500 g frische geschälte Tomaten (oder Dosentomaten)
Salz
50 g schwarze entsteinte Oliven
300 g Bavette
20 g gehackte glatte Petersilie

Das Öl in einem Topf erhitzen und den in Scheiben geschnittenen Knoblauch – 1 oder 2 Zehen nach Geschmack – mit Chili leicht anbraten, aber nicht zu dunkel werden lassen. Wird eine frische Chilischote verwendet, sollte diese in Scheiben geschnitten, eine getrocknete am besten mit Einmalhandschuhen zerbröselt werden.

Die Kapern unter fließendem Wasser abspülen und mit den Sardellenfilets grob hacken. Wenn Knoblauch und Chili goldbraun sind, beides hinzufügen und 2 Minuten auf kleiner Flamme schmoren lassen, dann die Temperatur erhöhen und die Tomaten dazugeben. Die Sauce nach Geschmack salzen und 5 Minuten kräftig weiterkochen lassen, dabei regelmäßig umrühren und schließlich die Oliven, entsprechend ihrer Größe halbiert oder in Ringe geschnitten, zugeben.

In der Zwischenzeit die Bavette in kochendem Salzwasser bissfest garen, abgießen, abtropfen lassen. Mit der Sauce anrichten und der gehackten Petersilie garnieren.

Für dieses Rezept eignen sich auch Spaghetti.

**Zutaten
für 4 Personen**

5–6 Artischocken, je nach Größe
40 ml Natives Olivenöl Extra
1 geschälte Knoblauchzehe
20 g gehackte Petersilie
Salz, Pfeffer
50 ml trockener Weißwein
50 ml Gemüsebrühe
350 g Casarecce Siciliane
60 g geriebener Parmigiano Reggiano

Leicht

Vorbereitung: 45 Minuten
Garzeit: 12 Minuten

CASARECCE SICILIANE MIT ARTISCHOCKENSAUCE

Die Artischocken waschen und in nicht zu dünne Streifen schneiden.
In einer Pfanne das Öl erhitzen, die Artischocken dazugeben und zusammen mit der gehackten Knoblauchzehe und der gehackten Petersilie bei mäßiger Hitze dünsten und mit Salz und Pfeffer würzen.
Das Gemüse mit dem Weißwein ablöschen, diesen vollständig einkochen lassen, dann die Gemüsebrühe angießen und das Gemüse darin in etwa 10 Minuten fertig garen.
Die Casarecce Siciliane in reichlich kochendem Salzwasser bissfest garen, abgießen, abtropfen lassen und mit dem Parmigiano Reggiano und der Artischockensauce vermischen.

CAVATELLI PUGLIESI MIT CREME VON DICKEN BOHNEN UND KNUSPRIGEN BROTKRUMEN

Die fein gewürfelten Zwiebeln mit 20 Milliliter des Öls in einen Topf geben und anschwitzen. Die geschälten, blanchierten dicken Bohnen dazugeben, einige Minuten anbraten und dann mit der heißen Brühe ablöschen. Salzen und die Bohnen etwa 30 Minuten kochen lassen.
Wenn sie gar sind, das Ganze pürieren, bis eine dickliche Creme entstanden ist. Das Brot zerbröseln und die Krumen in der Pfanne mit dem restlichen Öl goldbraun anrösten, bis sie knusprig sind.
Die Cavatelli in reichlich kochendem Salzwasser bissfest garen, abgießen und mit der Bohnencreme mischen, die gerösteten Brotkrumen darüberstreuen und das Gericht sofort servieren. Für dieses Rezept eignen sich auch Orecchiette.

Zutaten für 4 Personen

100 g geschälte Zwiebeln
50 ml Natives Olivenöl Extra
500 g dicke Bohnen (frisch oder tiefgekühlt)
1,5 l Gemüsebrühe
Salz
100 g altbackenes Brot
300 g Cavatelli Pugliesi

Leicht

Vorbereitung: 50 Minuten
Garzeit: 9 Minuten

Leicht

Vorbereitung: 30 Minuten

Garzeit: 12 Minuten

CONCHIGLIONI MIT PESTO ALLA SICILIANA

Zutaten für 4 Personen

1 kg Cocktail-Tomaten
1 geschälte Zwiebel
50 ml Natives Olivenöl Extra
1 geschälte Knoblauchzehe
1 entkernte Chilischote
50 g Pinienkerne
50 g geschälte Mandeln
Salz, Pfeffer
100 g Ricotta
1 Bund Basilikum
350 g Conchiglioni
(große Muschelnudeln)

Die Tomaten enthäuten, entkernen und grob zerkleinern. Die Zwiebel fein hacken. In einem Topf das Öl erhitzen und die Zwiebel mit dem ganzen Knoblauch sowie mit der in Scheiben geschnittenen Chili anschwitzen. Die grob gehackten Pinienkerne und die Mandeln unterrühren und ein paar Minuten mitziehen lassen, dann die Tomaten dazugeben, das Ganze salzen und frischen Pfeffer darübermahlen.
Die Sauce etwa 15 Minuten kochen lassen. Die Knoblauchzehe herausnehmen, dann den Ricotta gründlich mit der Sauce verrühren. Zuletzt das gewaschene und zerkleinerte Basilikum dazugeben.
Die Conchiglioni in reichlich kochendem Salzwasser bissfest garen, abgießen, abtropfen lassen und mit dem Pesto vermengen.

Zutaten für 4 Personen

500 g Brokkoli
600 g Kartoffeln
100 g geschälte Zwiebeln
Salz, Pfeffer
60 g altbackenes Brot
10 ml Natives Olivenöl Extra
4 gehackte Walnusskerne

Leicht

Vorbereitung: 20 Minuten
Garzeit: 45 Minuten

Brokkolipüree mit Croûtons und Walnüssen

Brokkoli und Kartoffeln in kleine Stücke und Zwiebeln in Scheiben schneiden.
Etwa 1,5 Liter Wasser in einem Topf zum Kochen bringen, das Gemüse darin garen und dann pürieren. Falls erforderlich, das Püree mit etwas Wasser verdünnen und mit Salz und Pfeffer abschmecken.
Das Brot würfeln und in einer beschichteten Pfanne mit etwas Öl rösten.
Das Brokkolipüree mit den gerösteten Brotwürfeln und den gehackten Walnusskernen bestreuen und servieren.

KARTOFFELCREME

Die Kartoffeln schälen, waschen und in kleine Würfel schneiden (eine halbe Kartoffel eventuell für die Verzierung in Stiftchen schneiden). Die Zwiebeln hauchdünn schneiden und in der heißen Butter in einem Topf andünsten. Die Kartoffeln dazugeben und kurz anbraten. Mit der Brühe ablöschen, salzen und pfeffern. Die Suppe 40 Minuten lang bei niedriger Flamme köcheln lassen, dann abpassieren oder mit einem Püriergerät pürieren.
Zum Servieren nach Belieben mit den separat in etwas Salzwasser gekochten Kartoffelstiftchen garnieren und mit den Röstbrotscheiben begleiten.

Zutaten für 4-6 Personen

600 g Kartoffeln
100 g geschälte Zwiebeln
35 g Butter
1,5 l Gemüsebrühe
Salz, Pfeffer
4-6 Röstbrotscheiben

Leicht

Vorbereitung: 15 Minuten
Garzeit: 40 Minuten

ZUTATEN FÜR 4 PERSONEN

500 g Kürbis, am besten Hokkaido
Salz, Pfeffer
200 g Schlagsahne
250 g frischer Ziegenkäse
Thymian, Majoran und Rosmarin

Leicht

Vorbereitung: 20 Minuten
Garzeit: 45 Minuten

KÜRBISCREME MIT KÄSEMOUSSE

Den Kürbis schälen, halbieren, Kerne und Fäden entfernen. 300 Gramm Fruchtfleisch abwiegen, in kleine Stücke schneiden und in einen Kochtopf geben. Soviel Wasser angießen, dass der Kürbis bedeckt ist, das Ganze zum Kochen bringen und köcheln lassen, bis der Kürbis gar ist. Das restliche Wasser abgießen und das Fruchtfleisch mit einem Pürierstab zu einer gleichmäßigen Creme pürieren. Nach Geschmack salzen und pfeffern. Während der Kürbis abkühlt, die Sahne schlagen und dann unterheben.
Für die Käsemousse den Ziegenkäse glatt rühren. Die frischen Kräuter waschen, trocknen, fein hacken und unterheben. Etwas Kürbiscreme in kleine Schälchen füllen und kurz vor dem Servieren mit der Käsemousse toppen.

FUSILLI MIT RAUKE-PESTO

Den Rucola verlesen, waschen und trocken tupfen, dann mit dem Stabmixer zusammen mit 150 Milliliter Öl, einer Prise Salz, dem Knoblauch und den Pinienkernen pürieren. Den frisch geriebenen Parmigiano Reggiano zugeben und untermischen. Das Pesto mit dem restlichen Öl aufgießen und beiseitestellen.
Die Fusilli in kochendem Salzwasser bissfest garen, abgießen (dabei etwas Nudelwasser auffangen) und mit dem Pesto in eine Schüssel geben. Mit ein wenig Nudelwasser und einem Schuss Öl vermischen.
Für dieses Rezept eignen sich auch Farfalle.

ZUTATEN FÜR 4 PERSONEN

100 g Rucola
200 ml Natives Olivenöl Extra
Salz
1/4 geschälte Knoblauchzehe
10 g Pinienkerne
20 g geriebener Parmigiano Reggiano
300 g Fusilli

Leicht

Vorbereitung: 15 Minuten
Garzeit: 10 Minuten

VOLLKORN-FUSILLI MIT ERBSEN

Leicht

Vorbereitung: 15 Minuten
Garzeit: 11 Minuten

Zutaten für 4 Personen

30 g Zwiebeln
20 ml Natives Olivenöl Extra
500 g frische Erbsen (ersatzweise tiefgekühlt)
Salz
300 g Vollkorn-Fusilli

Zwiebeln schälen und in Scheiben schneiden. In einem Topf etwas Öl erhitzen und darin die Zwiebeln leicht anschwitzen. Die Erbsen zugeben und 2 Minuten garen lassen. Dann 0,5 Liter Wasser angießen und die Erbsen etwa 15 Minuten kochen lassen. Leicht salzen. Eine kleine Schöpfkelle Erbsen beiseitestellen und den Rest mit dem Pürierstab zu einer gleichmäßigen, glatten Creme verarbeiten.
Die Vollkorn-Fusilli in reichlich kochendem Salzwasser bissfest kochen, abgießen und gut abtropfen lassen. Die Pasta mit der Erbsencreme und den beiseitegestellten Erbsen in den Topf zurückgeben, bei schwacher Hitze unter Rühren etwa eine Minute erhitzen und sofort servieren.
Für dieses Rezept eignen sich auch Farfalle.

Leicht

Vorbereitung: 40 Minuten

Garzeit: 13 Minuten

FUSILLI MIT GARTENGEMÜSE

Zutaten für 4 Personen

50 g Karotten
50 g Staudensellerie
50 g rote Paprika
50 g gelbe Paprika
60 g Kürbis
50 g Zucchini
50 g Aubergine
Salz

25 g frische Erbsen
(ersatzweise tiefgekühlt)
150 g Tomaten
50 g Porree
50 ml Natives Olivenöl Extra
6 Blatt Basilikum
350 g Fusilli

Das Gemüse putzen, waschen und getrennt in Würfel schneiden. Die Auberginenwürfel in ein Sieb geben, mit Salz bestreuen und 30 Minuten abtropfen lassen, damit sie das überschüssige Wasser und die Bitterstoffe abgeben. Die Erbsen weich kochen. Die Tomaten in kochendem Wasser kurz brühen, dann abschrecken, enthäuten, entkernen und würfeln. Den weißen Teil des Porree in Scheiben schneiden.

Das Öl in einer Pfanne erhitzen und den Porree zusammen mit Staudensellerie und Karotte darin bei mäßiger Hitze dünsten. Das gesamte Gemüse nach und nach unter Beachtung der unterschiedlichen Garzeiten zugeben. Zuletzt die Tomatenwürfel mit etwas Salz zum Gemüse geben und in 5 Minuten fertig garen. Inzwischen das Basilikum waschen, trocken tupfen und grob hacken.

Die Fusilli in kochendem Salzwasser bissfest garen, abgießen, abtropfen lassen. Mit dem Gemüseragout anrichten und mit dem Basilikum bestreuen.

Leicht

Vorbereitung: 30 Minuten

Garzeit: 11 Minuten

VOLLKORN-FUSILLI MIT SPARGELCREME

ZUTATEN FÜR 4 PERSONEN

30 g Schalotten
450 g grüner Spargel
20 ml Natives Olivenöl Extra
Salz
350 g Vollkorn-Fusili
100 ml süße Sahne
Pfeffer
100 g geriebener Parmigiano Reggiano

Die Schalotten putzen und in Scheiben schneiden. Den Spargel schälen, die holzigen Enden sowie die Spitzen abschneiden und die Stangen in Scheiben schneiden. Die Spargelspitzen beiseitelegen.
In einer Pfanne das Öl erhitzen und die Schalotten darin glasig schwitzen. Die Spargelscheiben dazugeben. Das Ganze ein paar Minuten lang braten, ohne zu bräunen. Mit Wasser ablöschen, bis alles gut bedeckt ist, und etwa 15 Minuten lang garen. Den Spargel etwas salzen und dann das Ganze mit dem Pürierstab zu einer glatten Creme verarbeiten.
Die Spargelköpfe 3–4 Minuten in kochendem Salzwasser blanchieren und sofort in Eiswasser abkühlen.
Die Vollkorn-Fusilli in reichlich kochendem Salzwasser bissfest garen, abgießen, abtropfen lassen und mit der Spargelcreme vermischen. Die Sahne mit den Spargelköpfen unterziehen, alles mit Salz und Pfeffer abschmecken und mit dem geriebenen Parmigiano Reggiano bestreuen.

Leicht

Vorbereitung: 20 Minuten

Ruhezeit: 1 Stunde

GAZPACHO

Zutaten für 4 Personen

150 g Bauernbrot
1 kg Rispentomaten
150 g rote Zwiebeln
120 g Gurke
120 g Staudensellerie
1 geschälte Knoblauchzehe
300 g Paprika
30 ml Natives Olivenöl Extra
1 Bund Basilikum
Salz, Pfeffer

Das Brot in Würfel schneiden und im Backofen rösten.
Die Tomaten enthäuten, entkernen, den Stielansatz entfernen und dann vierteln.
Die Zwiebeln und die Gurke schälen und den Staudensellerie waschen. Den Knoblauch fein hacken. Von jeder Gemüsesorte ein Stück für die Garnitur beiseitelegen. Das restliche Gemüse grob zerkleinern
Das Öl in einem Topf erhitzen und den Knoblauch kurz darin anschwitzen. Das gehackte Gemüse zum Knoblauch geben und anbraten, ohne zu bräunen. Abseits der Kochstelle die Tomaten, das Basilikum und das Brot unter das Gemüse mischen.
Das Ganze pürieren, mit Salz und Pfeffer abschmecken und für mindestens 1 Stunde in den Kühlschrank stellen.
Inzwischen das beiseitegelegte Gemüse fein würfeln. Das gekühlte Gazpacho auf Portionsschalen verteilen und mit den Gemüsewürfeln bestreuen.

SALAT AUS VOLLKORN-CELLENTANI NACH MITTELMEERART

Leicht

Vorbereitung: 15 Minuten

Garzeit: 10 Minuten

Zutaten für 4 Personen

350 g Vollkorn-Cellentani
Salz
80 ml Natives Olivenöl Extra
50 g Erbsen
100 g dicke Bohnen
50 g schwarze Oliven
20 g Kapern
200 g San-Marzano-Tomaten
80 g rote Paprika
80 g gelbe Paprika
80 g Gurke
50 g Staudensellerie
40 g Tropea-Zwiebel
30 ml Weißweinessig
schwarzer Pfeffer
fein gehackter Oregano

Die Vollkorn-Cellentani in reichlich kochendem Salzwasser knapp bissfest garen, abgießen, kurz unter fließendem kaltem Wasser abschrecken und gut abtropfen lassen. Die Cellentani in eine Salatschüssel geben und mit 20 Milliliter Öl mischen, damit sie nicht verkleben.

Die Erbsen eine Minute lang in kochendem Salzwasser blanchieren und sofort in Eiswasser abkühlen. Dasselbe mit den dicken Bohnen wiederholen und diese dann schälen.

Oliven und Kapern in ein Sieb abgießen und unter fließendem Wasser kurz abbrausen.

Das übrige Gemüse putzen und waschen, die Zwiebel und die Gurke schälen und Letztere von den Kernen befreien. Alles in kleine Würfel schneiden.

Alle Zutaten mit den Cellentani mischen. Den Weinessig mit etwas Salz und dem restlichen Öl zu einer Marinade verrühren.

Den Salat mit der Marinade vermischen, mit schwarzem Pfeffer aus der Mühle und dem Oregano bestreuen.

Für dieses Rezept können Sie auch Penne Rigate, Farfalle und Fusilli (aus Hartweizengrieß) verwenden.

Leicht

Vorbereitung: 15 Minuten

Ruhezeit: 45 Minuten

GETREIDESALAT MIT GEMÜSE UND FRISCHEN KRÄUTERN

Zutaten für 4-6 Personen

70 g Reis
70 g Gerste
70 g Zartweizen
150 g Karotten
50 g Staudensellerie
100 g rote Paprika
100 g gelbe Paprika
100 g Zucchini
200 g Auberginen
Salz
100 g Porree
2 Zweige Thymian
2 Zweige Majoran
2 Zweige Salbei
2 Zweige Rosmarin
60 ml Natives Olivenöl Extra

Reis, Gerste und Zartweizen einzeln in Salzwasser weich, aber noch bissfest kochen, dann abgießen, in eine große Schüssel geben und abkühlen lassen, zwischendurch umrühren.
Währenddessen das Gemüse waschen und putzen. Karotten, Sellerie, Paprika und Zucchini in kleine Würfel schneiden. Die Auberginen ebenfalls würfeln, leicht salzen und für etwa 30 Minuten in einem Sieb ziehen lassen, damit sie das überschüssige Wasser und die Bitterstoffe abgeben.
Den weißen Teil des Porrees in feine Scheiben schneiden. Die Kräuter waschen, trocknen und fein hacken.
Das Gemüse nach Sorten getrennt in einer Pfanne mit der Hälfte des Öls und dem Majoran anschwitzen, sodass es bissfest bleibt. Das Gemüse zusammen mit den übrigen Kräutern unter das Getreide mischen. Den Salat mit dem restlichen Öl beträufeln und nach Belieben mit Salz abschmecken.

Leicht

Vorbereitung: 15 Minuten

Ruhezeit: 30 Minuten

VEGETARISCHER COUSCOUS-SALAT

Zutaten für 4 Personen

300 ml Gemüsebrühe
300 g vorgegartes Couscous
100 g geschälte rote Zwiebeln
50 g gelbe Paprika
100 g Karotten
100 g Zucchini
80 ml Natives Olivenöl Extra
50 g Erbsen
gehackte Petersilie
Salz

Die Gemüsebrühe aufkochen lassen. Den Couscous in eine Schüssel geben und mit der kochend heißen Brühe begießen. Alles gut mit einer Gabel verrühren, damit sich keine Klümpchen bilden. Anschließend die Schüssel mit Frischhaltefolie abdecken und den Couscous etwa 30 Minuten ziehen lassen. Danach den Couscous erneut gut durchrühren.

Inzwischen das Gemüse waschen und, bis auf die Erbsen, in 2–3 Millimeter kleine Würfel schneiden. In einer Pfanne jede Gemüsesorte einzeln in Öl anschwitzen. Das Gemüse sollte dabei bissfest bleiben. Die Erbsen in reichlich Salzwasser blanchieren und unter fließendem kaltem Wasser abschrecken.

Zum Schluss das Gemüse unter den locker gerührten Couscous heben und mit dem restlichen Öl beträufeln. Mit gehackter Petersilie und Salz abschmecken und servieren.

Zutaten für 4 Personen

200 g Reis
120 g Erbsen
150 g grüner Spargel
50 g Zucchiniblüten
Salz
100 ml Natives Olivenöl Extra

Leicht

Vorbereitung: 25 Minuten
Garzeit: 15 Minuten

REISSALAT „PRIMAVERA“

Den Reis in kochendes Salzwasser geben und rund 15 Minuten garen.
Inzwischen die Erbsen einige Minuten in Salzwasser blanchieren und anschließend in Eiswasser abschrecken. Den Spargel waschen, die Stangen auf die gleiche Länge schneiden und mit Küchengarn zusammenbinden. Den Spargel in Salzwasser in 10–15 Minuten weich kochen, abkühlen lassen und in Scheiben schneiden. Die Zucchiniblüten waschen und das Innere entfernen, dann die Blüten vorsichtig in kleinere Stücke teilen. Am Ende der Kochzeit den Reis abgießen, kurz mit kaltem Wasser abschrecken, in eine Schüssel geben und mit dem vorbereiteten Gemüse und den Zucchiniblüten vermengen.
Den Salat mit Salz und Öl abschmecken, gut vermischen und kalt servieren.

NUDELSALAT MIT ÄPFELN, ROSINEN UND MANDELN

Die Sedanini in reichlich Salzwasser bissfest garen, abgießen, kurz mit kaltem Wasser abschrecken und gut abtropfen lassen. Die Nudeln in eine große Schüssel geben und mit ein wenig Öl beträufeln, damit sie nicht verkleben.
Die Rosinen für 10–15 Minuten in Wasser einweichen, abgießen und leicht ausdrücken. Die Äpfel waschen, vom Kerngehäuse befreien und mit Schale in Spalten schneiden, in eine Schale geben und mit dem Zitronensaft beträufeln. Die Mandelstifte für einige Minuten im Ofen anrösten.
Die Pasta mit Äpfeln, Rosinen und gerösteten Mandeln vermengen. Den von den Äpfeln aufgefangenen Zitronensaft mit Salz, Pfeffer, Öl und Petersilie verrühren und den Salat damit beträufeln.

Zutaten für 4 Personen

300 g Sedanini
80 ml Natives Olivenöl Extra
70 g Rosinen
2 grüne Äpfel
20 ml Zitronensaft
100 g Mandelstifte
Salz, Pfeffer
20 g gehackte Petersilie

Leicht

Vorbereitung: 30 Minuten
Garzeit: 13 Minuten

Mittel

Vorbereitung: 30 Minuten

Garzeit: 8 Minuten

MACCHERONCINI MIT TREVISO-RADICCHIO UND WALNÜSSEN AUF TALEGGIO-CREME

ZUTATEN FÜR 4 PERSONEN

100 g Treviso-Radicchio
1 kleine weiße Zwiebel
10 ml Natives Olivenöl Extra
Salz, Pfeffer
100 g Taleggio
50 ml frische Sahne
30 g geriebener Parmigiano Reggiano
350 g Maccheroncini
10 grob gehackte Walnusskerne
4 Blatt Basilikum, grob zerpflückt

Den Radicchio waschen, trocken schleudern und in schmale Streifen schneiden. Die Zwiebel schälen und fein hacken. Das Öl in einer Pfanne erhitzen und die Zwiebel darin kurz anschwitzen.
Den Treviso-Radicchio dazugeben und einige Minuten anbraten, dann salzen und pfeffern und beiseitestellen.
In einem hohen Topf den Taleggio in der Sahne schmelzen lassen. Sobald sich dieser aufgelöst hat, den geriebenen Parmigiano Reggiano dazugeben und das Ganze mit Salz abschmecken. Die Sauce mit dem Mixstab aufschlagen und warm stellen.
Die Maccheroncini in reichlich kochendem Salzwasser bissfest garen, abgießen und sofort in die Pfanne mit dem angebratenen Radicchio geben. Das Ganze kurz erwärmen und gut vermischen.
Die Taleggio-Sauce als Spiegel auf vorgewärmte Teller gießen, die Pasta darauf anrichten und mit den Walnüssen und dem Basilikum bestreuen.

Mittel

Vorbereitung: 30 Minuten

Garzeit: 10 Minuten

MEZZI RIGATONI MIT STEINPILZEN UND THYMIAN AUF GORGONZOLA-FONDUE

Zutaten für 4 Personen

1 Bund Petersilie
1 Bund Thymian
20 ml Natives Olivenöl Extra
1 geschälte Knoblauchzehe
400 g gewürfelte Steinpilze
Salz, weißer Pfeffer
150 g Gorgonzola
30 ml süße Sahne
50 g geriebener Parmigiano Reggiano
350 g Mezzi Rigatoni
30 g grob gehackte Kerne (Pistazien, Haselnüsse, Pinienkerne)

Die Petersilie waschen, trocken tupfen, die Stengel abschneiden und die Blätter beiseitelegen. Thymian waschen, trocknen, abzupfen und ebenfalls beiseitelegen. Das Öl in einer Pfanne erhitzen, Petersilienstengel, Knoblauch und die gewürfelten Pilze hinzufügen und alles bei starker Hitze einige Minuten lang anbraten. Wenn die Steinpilze gut angebraten sind, die Petersilienstengel und die Knoblauchzehe herausnehmen. Die Pilze mit Salz und Pfeffer abschmecken, mit den gehackten Petersilienblättern und dem Thymian bestreuen und warm stellen.
In einer Kasserolle bei schwacher Hitze den Gorgonzola in der Sahne schmelzen und gut verrühren. Den Parmigiano Reggiano dazugeben und die Sauce mit Salz abschmecken. Nun alles im Mixer aufschlagen und warm stellen.
Die Mezzi Rigatoni in reichlich Salzwasser bissfest kochen, abgießen, gut abtropfen lassen und mit den Steinpilzen in der Pfanne anwärmen.
Inzwischen die Kerne in einer Pfanne ohne Fettzugabe leicht anrösten.
Einen Spiegel aus Gorgonzola-Sauce auf flache Teller gießen, die Nudeln darauf anrichten und mit den gerösteten Kernen bestreuen.

Zutaten für 4 Personen

400 g getrocknete Kichererbsen
1 Bund Salbei
50 ml Natives Olivenöl Extra
100 g geschälte Zwiebeln
2 l Gemüsebrühe
Salz
40 g geriebener Parmigiano Reggiano
Pfeffer

Leicht

Vorbereitung: 10 Minuten

Einweichzeit: 12 Stunden

Garzeit:
1 Stunde 30 Minuten

KICHERERBSENSUPPE

Die Kichererbsen etwa 12 Stunden in kaltem Wasser einweichen. Dann abgießen und mit dem Salbei, 40 Milliliter Öl und den in Scheiben geschnittenen Zwiebeln in einen Topf geben. Gut durchmischen, die Brühe zugießen und die Suppe bei schwacher Hitze etwa 1 1/2 Stunden garen. Erst gegen Ende der Kochzeit mit Salz abschmecken.
Wenn eine cremigere Konsistenz erwünscht ist, kann man einen Teil der Kichererbsen pürieren und das Püree dann der Suppe zugeben.
Die Suppe auf tiefe Teller verteilen, mit dem geriebenen Parmigiano Reggiano bestreuen, mit Pfeffer würzen und dem restlichen Öl beträufeln.

KÜRBIS-MÖHREN-SUPPE

Die Rüben waschen und die Blätter abschneiden. Die Knollen in kleine Würfel, einige schöne Blätter in Streifen schneiden. Die Blattstiele wegwerfen.
Den Kürbis schälen, halbieren, die Kerne und Fäden entfernen und das Fleisch in 1 Zentimeter große Würfel schneiden. Die Zwiebeln, die Möhren und den Sellerie schälen, alles klein schneiden. Das Öl in einem Suppentopf erhitzen und das Suppengemüse darin anschwitzen. Anschließend die Rüben- und Kürbiswürfel hinzufügen, ebenfalls ein paar Minuten lang anbraten, dann die Rübenblätter dazugeben. Alles mit Wasser bedecken, leicht salzen und etwa 1 Stunde köcheln lassen.

ZUTATEN FÜR 4 PERSONEN

300 g Herbstrüben
450 g Kürbis, am besten Hokkaido
50 g geschälte Zwiebeln
40 g Möhren
40 g Knollensellerie
25 ml Natives Olivenöl Extra
Salz

Leicht

Vorbereitung: 20 Minuten
Garzeit: 30 Minuten

MINESTRONE GENUESER ART MIT DITALINI RIGATI

Leicht

Vorbereitung: 30 Minuten

Garzeit: 30 Minuten

Zutaten für 4 Personen

Für die Suppe

90 g Porree

70 g Staudensellerie

200 g Kartoffeln

150 g Zucchini

80 g Karotten

100 g Fenchel

100 g rote Paprika

100 g Brokkoliröschen

100 g Romanesco

100 g Blumenkohlröschen

4 Rosenkohlröschen

80 ml Natives Olivenöl Extra

150 g Rinde vom Parmigiano Reggiano

Salz

150 g Ditalini Rigati

Für das Pesto

15 g Basilikumblätter

100 ml Natives Olivenöl Extra

Salz

1/2 geschälte Knoblauchzehe

5 g Pinienkerne

30 g geriebener Parmigiano Reggiano

20 g reifer geriebener Pecorino

Das Gemüse putzen, waschen und in Würfel schneiden. 2 Liter Wasser aufkochen. In einem Topf 50 Milliliter Öl erhitzen, das Gemüse dazugeben und 4–5 Minuten unter ständigem Rühren anschwitzen. Das kochende Wasser dazugießen, die Parmigiano Reggiano rinde hinzufügen, alles aufkochen und bei schwacher Hitze mindestens 15 Minuten köcheln lassen. Die Suppe mit Salz abschmecken, die Ditalini dazugeben und in rund 8 Minuten bissfest garen.

In der Zwischenzeit das Pesto zubereiten. Das Basilikum waschen, trocken tupfen und zusammen mit 50 Milliliter Öl, 1 Prise Salz, dem Knoblauch und den Pinienkernen im Mixer oder mit dem Pürierstab zerkleinern. Anschließend den geriebenen Käse hinzufügen und das Pesto gut mischen.

Am Ende der Kochzeit der Pasta die Minestrone auf 4 Suppenteller verteilen und mit 1 Teelöffel Pesto pro Portion anrichten, mit dem restlichen Öl beträufeln und mit einem Stück Käserinde garnieren.

Mittel

Vorbereitung: 20 Minuten

Garzeit: 6 Minuten

MINI PENNE RIGATE MIT ZUCCHINI UND TOMATEN IN PARMIGIANO REGGIANO-KRUSTE

Zutaten für 4 Personen

100 g Zucchini
1 geschälte weiße Zwiebel
250 g Pachino-Tomaten
1 Bund gemischte Kräuter
1 Bund Petersilie
20 ml Natives Olivenöl Extra
1 geschälte Knoblauchzehe
1 Peperoncino
40 g Taggiasca-Oliven
30 g in Salz eingelegte Kapern
Salz
15 g Pinienkerne
120 g geriebener Parmigiano Reggiano
350 g Mini Penne Rigate

Die Zucchini waschen und in Würfel schneiden. Die Zwiebel fein hacken. Die Tomaten waschen, entkernen und in Würfel schneiden. Die gemischten Kräuter und die Petersilie waschen, trocken schütteln und fein hacken.

In einer Pfanne das Öl erhitzen und die Zwiebel mit der Knoblauchzehe und dem Peperoncino darin anschwitzen. Die Tomatenstücke zusammen mit den gemischten Kräutern, den Oliven und den Kapern dazugeben, das Ganze einige Minuten köcheln lassen und mit Salz abschmecken. Knoblauch und Peperoncino aus der Sauce nehmen und wegwerfen.

Die Pinienkerne in einer heißen Pfanne ein paar Minuten vorsichtig rösten.

Für die Körbchen eine kleine beschichtete Pfanne erhitzen und ein Viertel des Parmigiano Reggiano hineinstreuen. Die Pfanne vorsichtig wieder erhitzen, bis der Käse vollständig geschmolzen ist. Die Käsewaffel rasch über ein umgestülptes Glas legen und auskühlen lassen. Auf diese Weise 3 weitere Käse-Körbchen formen.

Inzwischen die Mini Penne Rigate zusammen mit den Zucchini in reichlich kochendem Salzwasser bissfest garen. Die Pasta abgießen, abtropfen lassen und mit der Tomatensauce mischen.

Die Parmigiano Reggiano-Körbchen auf 4 Teller verteilen, die Pasta darin anrichten und mit den gerösteten Pinienkernen bestreuen.

**Zutaten
für 4 Personen**

50 g Karotten
50 g Staudensellerie
50 g Zucchini
50 g Auberginen
25 g Erbsen
50 g geschälte Zwiebeln
50 ml Natives Olivenöl Extra
Salz
400 g geschälte Tomaten
1 Lorbeerblatt
350 g Mini Penne Rigate
4 Blatt Basilikum
schwarzer Pfeffer

Leicht

Vorbereitung: 40 Minuten
Garzeit: 6 Minuten

MINI PIPE RIGATE VEGETARISCH

Karotten, Sellerie, Zucchini und Auberginen putzen, waschen und würfeln. Die Auberginenwürfel salzen und 30 Minuten in einem Sieb abtropfen lassen. Die Erbsen in etwas Salzwasser garen. Inzwischen die Zwiebeln hacken. Das Öl in einer Kasserolle erhitzen und die Zwiebeln zusammen mit dem Sellerie und der Karotte darin anschwitzen. Das restliche Gemüse unter Beachtung der unterschiedlichen Garzeiten dazugeben, bei mäßiger Hitze garen und salzen. Die Tomaten mit dem Lorbeerblatt zum Gemüse geben, weitere 10 Minuten kochen und die Tomaten mit dem Kochlöffel zerdrücken. Die Nudeln in kochendem Salzwasser bissfest garen, abgießen und abtropfen lassen. Die Nudeln mit dem Gemüseragout anrichten, mit dem grob zerpflückten Basilikum garnieren, mit schwarzem Pfeffer würzen.

ORECCHIETTE PUGLIESI MIT TOMATEN, OLIVEN UND AUBERGINEN

Die Aubergine in etwa 5 Millimeter große Würfel schneiden, salzen und in einem Sieb abtropfen lassen. Die Tomaten waschen und in Spalten schneiden. Den Rosmarin abzupfen und die Nadeln fein hacken. Das Öl in einer flachen und breiten Pfanne erhitzen und die Aubergine mit der Knoblauchzehe und etwas schwarzem Pfeffer darin anbraten. Die Tomaten hinzufügen und alles einige Minuten lang köcheln lassen. Inzwischen die Oliven entkernen und halbieren und nach etwa 5 Minuten Kochzeit zur Sauce geben. Den Knoblauch entfernen, den gehackten Rosmarin dazugeben und die Sauce mit Salz und Pfeffer abschmecken.
Die Nudeln in kochendem Salzwasser bissfest garen, abgießen, abtropfen lassen, auf vorgewärmte Teller verteilen und mit der Sauce anrichten.

Zutaten für 4 Personen

1 Aubergine
Salz
10 reife Perini-Tomaten
2 Zweige Rosmarin
80 ml Natives Olivenöl Extra
1 geschälte Knoblauchzehe
schwarzer Pfeffer
100 g Taggiasca-Oliven
350 g Orecchiette Pugliesi

Leicht

Vorbereitung: 20 Minuten
Garzeit: 12 Minuten

Leicht

Vorbereitung: 40 Minuten

Garzeit: 10 Minuten

PENNE MIT KÜRBIS, PILZEN UND BALSAMICO-ESSIG

Zutaten für 4 Personen

300 g Kürbis
50 g Schalotten
Salz
1 Zweig Rosmarin
1 geschälte Knoblauchzehe
25 ml Natives Olivenöl Extra
Pfeffer
200 g Steinpilze
1 EL gehackte Petersilie
320 g Penne
Balsamico-Essig

Den Kürbis schälen, die Kerne und Fäden entfernen und das Fleisch in 1 Zentimeter große Würfel schneiden. 200 Gramm Kürbisfleisch mit den Schalotten und einer Prise Salz in einen Topf geben. Soviel Wasser angießen, bis alles bedeckt ist, und zum Kochen bringen.

Wenn alles gar ist, mit dem Stabmixer pürieren, bis eine dickliche Creme entsteht. Wenn nötig, etwas Kochwasser hinzufügen – die Konsistenz sollte sämig sein. Anschließend den gewaschenen und trockengeschüttelten Rosmarin abzupfen und die Nadeln hacken. Den Knoblauch hacken.

In einer Bratpfanne die Hälfte des Öls auf mittlerer Stufe erhitzen, die restlichen Kürbiswürfel mit Salz und Pfeffer darin dünsten. Den Kürbis herausnehmen. Anschließend die gewaschenen und geputzten Pilze in der gleichen Pfanne mit dem restlichen Öl, dem Knoblauch, dem Rosmarin und der Hälfte der gehackten Petersilie dünsten. Alles etwa 2 Minuten köcheln lassen, dann die Kürbiswürfel und die Kürbiscreme hinzufügen.

Die Penne in kochendem Salzwasser bissfest garen, abgießen, abtropfen lassen und zu der Kürbissauce in die Pfanne geben. Noch einmal anbraten, dann mit Petersilie bestreuen, mit ein Paar Tropfen Balsamico-Essig beträufeln und servieren.

Mittel

Vorbereitung: 30 Minuten

Gehzeit:
1 Stunde 30 Minuten –
5 Stunden 30 Minuten

Backzeit: 8 Minuten

PIZZA ALLA NAPOLETANA

Zutaten für 4 Personen

Für den Teig
650 g Weizenmehl
375 ml Wasser
5 g Hefe
18 g Salz

Für den Belag
200 g Polpa di pomodoro
(stückige Tomaten aus der Dose)
Salz
10 ml Natives Olivenöl Extra
400 g Costoluto-Tomaten
500 g Büffelmozzarella
1/2 Bund frisches Basilikum

Auf der Arbeitsfläche das Mehl mit 375 Milliliter Wasser und der zerkrümelten Hefe gut verkneten. Zuletzt das in etwas Wasser aufgelöste Salz einarbeiten. Den Teig mit Frischhaltefolie abdecken und an einem warmen Ort gehen lassen, bis er sich verdoppelt hat (je nach Umgebungstemperatur dauert das bis zu 4 Stunden). Den Teig in 4 Teile teilen und zu Kugeln formen. Nochmals abgedeckt an einem warmen Ort gehen lassen, bis sich der Teig erneut verdoppelt hat (30–90 Minuten je nach Umgebungstemperatur).
Die Arbeitsfläche mit reichlich Mehl bestäuben. Die Kugeln nacheinander ausrollen oder mit den Fingerspitzen und der Handfläche flach nach außen arbeiten.
Polpa di pomodoro mit einer Prise Salz und etwas Öl würzen und auf den Pizzen verteilen. Dann die in Scheiben oder Würfel geschnittenen Tomaten und den abgetropften und grob zerkleinerten Büffelmozzarella darübergeben. Die Pizzen auf ein geöltes Backblech legen und im auf 250 °C vorgeheizten Backofen etwa 8 Minuten backen. In der Zwischenzeit das Basilikum waschen, trocknen, grob zerzupfen und auf den frisch aus dem Ofen kommenden Pizzen verteilen.

Zutaten für 4 Personen

400 g gemischte Waldpilze
1 geschälte Knoblauchzehe
20 g gehackte glatte Petersilie
30 ml Natives Olivenöl Extra
Salz, Pfeffer
300 g Reginette

Leicht

Vorbereitung: 20 Minuten
Garzeit: 9 Minuten

REGINETTE MIT PILZEN

Die Pilze putzen und in Scheiben schneiden. Den gehackten Knoblauch und die Petersilie in Öl in einer Pfanne kurz anbraten. Die Pilze zugeben und 5 Minuten braten (sie sollten noch knackig sein). Dann mit Salz und Pfeffer aus der Mühle abschmecken.
Die Reginette in reichlich kochendem Salzwasser bissfest kochen, abgießen, abtropfen lassen und in die Pfanne zu den Pilzen geben. Das Ganze bei mäßiger Hitze einige Minuten gut durchmischen und sofort servieren.
Für dieses Rezept eignen sich auch Maniche Rigate.

RISOTTO MIT CASTELMAGNO-KÄSE

Die Zwiebel hacken. 20 Gramm Butter in einem Topf erhitzen und die Zwiebel darin kurz anbraten. Den Reis hinzufügen und unter ständigem Rühren anrösten, sodass alle Körner mit Fett überzogen sind. Mit dem Weißwein ablöschen und unter Rühren einkochen, bis der Wein vollständig verdunstet ist.
Nach und nach die heiße Gemüsebrühe angießen und den Reis unter häufigem Rühren bei schwacher Hitze köcheln lassen, bis er weich, aber noch bissfest ist.
Am Ende der Garzeit das Risotto mit Salz abschmecken und abseits der Kochstelle mit einer Gabel die restliche Butter und den geflockten Castelmagno-Käse unterziehen. Zuletzt mit ein paar Käseflocken bestreuen.

ZUTATEN FÜR 4 PERSONEN

1 kleine, geschälte Zwiebel
60 g Butter
300 g Carnaroli-Reis
100 ml Weißwein
1,5 l Gemüsebrühe
Salz
80 g Castelmagno-Käse

Leicht

Vorbereitung: 5 Minuten
Garzeit: 18 Minuten

Mittel

Vorbereitung: 10 Minuten

Garzeit: 18 Minuten

RISOTTO ALLA PARMIGIANA MIT ROTWEINREDUKTION

Zutaten für 4 Personen

Für das Risotto
25 ml Natives Olivenöl Extra
50 g geschälte Zwiebeln
320 g Reis, Sorte Carnaroli
50 ml Weißwein
1,5 l Gemüsebrühe
25 g Butter
100 g geriebener Parmigiano Reggiano
Salz

Für die Rotweinreduktion
250 ml Rotwein
1 Schalotte
1 Zweig Rosmarin
1 Zweig Thymian
1 Wacholderbeere
20 g Zucker
10 g Maisstärke
Salz, Pfeffer

Für die Rotweinreduktion in einem kleinen Topf den Rotwein mit der fein gehackten Schalotte, den Kräutern, der Wacholderbeere und dem Zucker auf die Hälfte einkochen lassen. Die Maisstärke in etwas Wasser auflösen und die Sauce damit binden. Alles durch ein Sieb seihen und mit Salz und Pfeffer abschmecken.
In der Zwischenzeit das Öl in einem Topf erhitzen und die fein gehackten Zwiebeln darin anschwitzen. Den Reis dazugeben und etwa 2 Minuten anrösten, bis die Reiskörner mit Fett überzogen sind.
Den Weißwein angießen und unter Rühren köcheln lassen, bis der Reis die Flüssigkeit aufgenommen hat. Nach und nach die warme Brühe angießen und den Reis unter häufigem Rühren garen.
Abseits der Kochstelle mit einer Gabel die Butter und den frisch geriebenen Parmigiano Reggiano unter den Reis mengen. Das Risotto mit Salz abschmecken und mit Rotweinreduktion anrichten.

Leicht

Vorbereitung: 5 Minuten

Garzeit: 12 Minuten

SEDANI RIGATI MIT TOMATEN-PESTO

Zutaten für 4 Personen

800 g reife Tomaten
30 g Pinienkerne
30 g geschälte Mandeln
30 g Walnusskerne
1 geschälte Knoblauchzehe
5 Blatt Pfefferminze
60 g geriebener Parmigiano Reggiano
60 ml Natives Olivenöl Extra
Salz und Pfeffer
350 g Sedani Rigati

Mit einem Messer die Tomaten x-förmig einschneiden, 30–40 Sekunden lang in kochendem Salzwasser brühen und in einer Schüssel mit eiskaltem Wasser abschrecken. Das Kochwasser aufheben und beiseitestellen. Die Tomaten enthäuten, vierteln und entkernen.

Die Tomatenviertel in einen Mixer oder den Mixbecher des Pürierstabs geben, die Pinienkerne, die geschälten Mandeln, die Walnüsse, den gehackten Knoblauch, die gewaschenen und getrockneten Minzeblätter, den Parmigiano Reggiano und 2 Esslöffel Öl dazugeben. Alles zu einer glatten Paste verarbeiten und mit Salz und Pfeffer abschmecken.

Das Kochwasser der Tomaten wieder zum Kochen bringen. Die Sedani Rigati darin bissfest kochen, abgießen, abtropfen lassen und in einer vorgewärmten Schüssel mit dem Pesto mischen.

Die Nudeln auf vorgewärmte Teller geben, mit dem restlichen Öl beträufeln und mit reichlich schwarzem Pfeffer aus der Mühle bestreuen.

Zutaten für 4 Personen

100 g geschälte Zwiebeln
30 ml Natives Olivenöl Extra
1 geschälte Knoblauchzehe
600 g geschälte Tomaten oder Tomatenfleisch
Salz, Pfeffer
8 Blätter Basilikum
1 Prise Zucker
350 g Spaghetti
40 g geriebener Parmigiano Reggiano

Leicht

Vorbereitung: 30 Minuten
Garzeit: 8 Minuten

SPAGHETTI MIT TOMATENSAUCE

Die Zwiebeln fein hacken. In einer Kasserolle das Öl erhitzen und die Zwiebeln mit der Knoblauchzehe darin goldgelb anschwitzen. Die Tomaten dazugeben und alles salzen und pfeffern. Die Sauce bei guter Hitze rund 20 Minuten kochen, dabei ab und zu umrühren und die Tomatenstücke mit dem Kochlöffel zerdrücken. Inzwischen das Basilikum waschen, trocken schütteln und zerpflücken.
Am Ende der Kochzeit die Knoblauchzehe entfernen, das Basilikum in die Sauce rühren und diese nach Belieben mit Zucker, Salz und Pfeffer abschmecken.
Die Spaghetti in kochendem Salzwasser bissfest garen, abgießen, abtropfen lassen, mit der Tomatensauce anrichten und mit geriebenem Parmigiano Reggiano bestreuen.

SPAGHETTI MIT MARINIERTER TOMATE UND HARTEM RICOTTA

Die Tomaten waschen, von den Kernen befreien und in dünne Spalten schneiden. Das Basilikum waschen, trocken schütteln und in feine Streifen schneiden.
Die Tomaten mit dem Öl, dem Basilikum, der sehr fein gehackten Knoblauchzehe und Salz sowie Pfeffer in eine große Salatschüssel geben. Das Ganze gut vermischen und einige Stunden an einem kühlen Ort marinieren lassen.
Die Spaghetti in reichlich kochendem Salzwasser bissfest garen, abgießen, abtropfen lassen, mit den marinierten Tomaten vermischen und den harten Ricotta darüberreiben oder in kleine Stücke schneiden und das Gericht damit bestreuen.

ZUTATEN FÜR 4 PERSONEN

500 g Costoluto-Tomaten
10 Blatt frisches Basilikum
50 ml Natives Olivenöl Extra
1 geschälte Knoblauchzehe
Salz, Pfeffer
350 g Spaghetti
60 g harter Ricotta

Leicht

Vorbereitung: 10 Minuten
Ruhezeit: 2 Stunden
Garzeit: 8 Minuten

Mittel

Vorbereitung: 50 Minuten

Garzeit: 4 Minuten

Backzeit: 5 Minuten

AUFLAUF AUS PIPETTE RIGATE MIT ZUCCHINI, KAROTTEN UND TOMATEN IN GORGONZOLA-CREME

Zutaten für 4 Personen

10 g Butter für die Formen
1 Packung Filoteig
250 g Pipette Rigate
30 ml Natives Olivenöl Extra
2 Zucchini
2 Karotten
100 g Pachino-Tomaten
Salz, Pfeffer
60 g Gorgonzola
100 ml Milch
30 g geriebener Parmigiano Reggiano
30 g gehackte Petersilie

4 Aluminiumformen buttern und mit Filoteig auslegen. Die Pipette Rigate in reichlich kochendem Salzwasser knapp bissfest garen, abgießen, abtropfen lassen und in einer Schüssel mit 15 Milliliter Öl vermischen.

Die Zucchini und die Karotten putzen und in Würfel schneiden, die Tomaten waschen und vierteln. Das restliche Öl in einer Pfanne erhitzen und Zucchini und Karotten darin bei mäßiger Hitze etwa 4 Minuten dünsten. Die Tomaten dazugeben und eine weitere Minute mitgaren, danach das Ganze salzen, pfeffern und beiseitestellen.

Den Backofen auf 180 °C vorheizen. In einer Kasserolle den Gorgonzola in der Milch schmelzen lassen und die Sauce mit Salz und Pfeffer abschmecken.

Die Pipette mit dem Gemüse mischen, in die Formen füllen, mit dem geriebenen Parmigiano Reggiano bestreuen und im heißen Ofen etwa 5 Minuten überbacken. Auf jeden Teller einen Spiegel aus Gorgonzola-Sauce gießen, den Auflauf darauf anrichten und mit der Petersilie bestreuen.

Leicht

Vorbereitung: 20 Minuten

Garzeit: 12 Minuten

TRENETTE MIT PESTO, KARTOFFELN UND GRÜNEN BOHNEN

ZUTATEN FÜR 4 PERSONEN

30 g Basilikum
15 g Pinienkerne
1 Zehe geschälter Knoblauch
200 ml Natives Olivenöl Extra
Salz
60 g geriebener Parmigiano Reggiano
40 g geriebener gereifter Pecorino
200 g Kartoffeln
100 g grüne Bohnen
320 g Trenette-Nudeln

Das Basilikum waschen und trocken schütteln. Basilikum, Pinienkerne, Knoblauch, die Hälfte des Öls, eine Prise Salz und die geriebenen Käse in einem Mörser oder mit dem Pürierstab zu einer Paste verarbeiten. Den Pürierstab dabei immer nur kurz einschalten, damit das Basilikum nicht zu stark erhitzt wird. Die Masse in eine Schüssel geben und mit etwas Öl abdecken.
Die Kartoffeln schälen und würfeln. Die grünen Bohnen putzen und in mundgerechte Stücke schneiden. In einem Topf reichlich Salzwasser aufkochen und die Kartoffeln und Bohnen darin kochen. Nach 5 Minuten die Nudeln in den gleichen Topf geben und bissfest kochen. Am Ende der Kochzeit alles zusammen abgießen, abtropfen lassen, mit dem Pesto vermengen und mit dem restlichen Öl beträufeln.

Leicht

Vorbereitung: 20 Minuten

Garzeit: 11 Minuten

TROFIE LIGURI MIT WALNUSS-SAUCE

ZUTATEN FÜR 4 PERSONEN

50 g Walnusskerne
25 g altbackenes Brötchen
100 ml Milch
15 g Pinienkerne
20 g geriebener Parmigiano Reggiano
1 geschälte Knoblauchzehe
20 g abgezupfter Rosmarin
100 ml Natives Olivenöl Extra
Salz
350 g Trofie Liguri

Die Walnusskerne einige Minuten lang in kochendem Wasser einweichen, in ein sauberes Küchentuch geben und die Haut abreiben.
Die Rinde von dem Brötchen entfernen, das Innere in der Milch einweichen und ausdrücken.
Das eingeweichte Brot, die Pinienkerne, den Parmigiano Reggiano, die Knoblauchzehe, den Rosmarin und das Öl mit etwas Salz im Mixer oder mit dem Pürierstab zu einer gleichmäßigen Sauce verarbeiten. Wenn nötig, etwas Milch hinzufügen.
Die Trofie Liguri in reichlich kochendem Salzwasser bissfest garen, abgießen, gut abtropfen lassen und mit der Walnuss-Sauce vermischen.

ZITI NAPOLETANI MIT TOMATE UND BROT GRATINIERT

Leicht

Vorbereitung: 30 Minuten
Garzeit: 10 Minuten
Backzeit: 6 Minuten

Zutaten für 4 Personen

600 g vollreife Tomaten
50 g Zwiebeln
50 g Staudensellerie
50 g Karotten
1 geschälte Knoblauchzehe
5-6 Blätter Basilikum
50 ml Natives Olivenöl Extra
Salz, Pfeffer
350 g Ziti Napoletani
30 g Semmelbrösel

Die Tomaten in kochendem Wasser brühen, dann abschrecken, schälen und entkernen. Die Zwiebeln schälen, den Sellerie und die Karotten waschen. Das Gemüse in kleine Würfel schneiden. Die Knoblauchzehe mit der flachen Messerklinge zerdrücken. Das Basilikum waschen, trocken tupfen und in grobe Stücke schneiden.
Den Backofen auf 200 °C vorheizen. In einer Kasserolle 30 Milliliter Öl erhitzen und Zwiebeln, Sellerie, Karotten sowie den Knoblauch darin anschwitzen. Das Tomatenfleisch dazugeben, alles salzen, pfeffern und bei lebhafter Hitze rund 10 Minuten kochen.
Inzwischen alle Ziti Napoletani mit einem Sägemesser zweimal quer leicht einschneiden, dann in 3 Teile brechen und in reichlich kochendem Salzwasser bissfest garen. Die Nudeln abgießen, gut abtropfen lassen, mit der Sauce und dem gewaschenen und zerkleinerten Basilikum mischen. Das Ganze in eine mit Öl bestrichene feuerfeste Form geben, mit dem Paniermehl bestreuen, mit dem restlichen Öl beträufeln und im heißen Ofen 5-6 Minuten überbacken.

VOLLKORNSUPPE MIT HÜLSENFRÜCHTEN

ZUTATEN FÜR 4 PERSONEN

100 g Linsen
100 g Borlotti-Bohnen
100 g Rollgerste
100 g Dinkel
eine kleine Kartoffel (etwa 150 g)
1/2 geschälte Knoblauchzehe
1 Zweig Thymian
Salz
100 g tiefgefrorene Erbsen
Pfeffer
Natives Olivenöl Extra

Mittel

Vorbereitung: 20 Minuten
Einweichzeit: 12 Stunden
Garzeit: 1 Stunde

Die getrockneten Hülsenfrüchte und das Getreide jeweils separat über Nacht in kaltem Wasser einweichen.
Die Hülsenfrüchte abgießen und mit der gewürfelten Kartoffel, dem Knoblauch und dem gewaschenen und abgezupften Thymian in einen Topf geben. Soviel Wasser hinzufügen, dass alles gut bedeckt ist und zum Kochen bringen. Das Getreide hinzufügen und dabei auf die unterschiedlichen, von den jeweiligen Herstellern angegebenen Garzeiten achten.
Gegen Ende der Kochzeit die Suppe mit Salz abschmecken, ganz zum Schluss die Erbsen hinzugeben, die nur ein paar Minuten garen müssen.
Mit frisch gemahlenem schwarzen Pfeffer und einem Spritzer Öl servieren.

DICKE TOMATENSUPPE

Die Tomaten auf der Unterseite kreuzförmig anritzen und 10–15 Sekunden in kochendem Wasser brühen. Dann abschrecken, enthäuten, vierteln, entkernen und mit dem Pürierstab pürieren.
In einem Topf das Öl erhitzen und die grob zerkleinerten Zwiebeln mit der ganzen Knoblauchzehe anschwitzen (diese wird später herausgenommen).
Das Tomatenpüree dazugießen und auf kleiner Hitze einige Minuten köcheln lassen. Salzen und pfeffern und am Ende das Basilikum darübergeben.
Das Brot in Scheiben schneiden und ohne Fett in einer beschichteten Pfanne rösten. Die Suppe pürieren und mit dem gerösteten Brot servieren.

Zutaten für 4 Personen

1 kg vollreife Rispentomaten
100 ml Natives Olivenöl Extra
100 g geschälte Zwiebeln
1 geschälte Knoblauchzehe
Salz, Pfeffer
20 g Basilikum
200 g altbackenes Weißbrot oder Bauernbrot

Leicht

Vorbereitung: 10 Minuten
Garzeit: 30 Minuten

KARTOFFEL-
UND MARONENSUPPE

Leicht

Vorbereitung: 20 Minuten

Einweichzeit: 12 Stunden

Garzeit:
1 Stunde 15 Minuten

Zutaten für 4-6 Personen

250 g getrocknete Maronen
250 g Kartoffeln
50 g Lauch
100 g geschälte Zwiebeln
35 g Butter
1 l Gemüsebrühe
500 ml Milch
Salz, Pfeffer
4-6 Röstbrotscheiben
20 ml Natives Olivenöl Extra

Die Maronen 12 Stunden lang in kaltem Wasser einweichen. Dann abgießen und schälen. Die Kartoffeln schälen und in kleine Würfel schneiden.
Den weißen Teil des Lauchs und die Zwiebel fein schneiden. Die Butter in einem Topf erhitzen und Lauch und Zwiebeln darin anschwitzen. Die Kartoffeln gemeinsam mit den Maronen dazugeben und kurz mitbraten. Danach die Bouillon und die Milch angießen und die Suppe salzen und pfeffern.
Die Suppe etwa 1 Stunde und 15 Minuten lang bei schwacher Hitze köcheln lassen, danach die Suppe nach Geschmack entweder pürieren oder rustikal in Stücken belassen.
Mit Röstbrotscheiben und einem Schuss Öl servieren.

DAS HAUPTGERICHT

TRIUMPH DES GEMÜSEGARTENS

Im Italienischen heißt dieser Gang „Secondo" oder „Secondo Piatto", also zweites Gericht, und gilt als der Hauptgang eines Menüs, selbst wenn er weder Fleisch noch Fisch enthält, sondern Hülsenfrüchte und leichtes, gut verdauliches Gemüse - die Schlüsselzutaten der mediterranen Kost. In keiner anderen Küche werden diese Produkte mit so großer Leidenschaft verwendet wie in der italienischen. Weshalb sollte man also die Gartenprodukte nicht zur wichtigsten Komponente des Hauptgerichts machen? Neben Aufläufen, Gratins und Pasteten, die mit Gemüse aller Art zubereitet werden, finden Sie hier die ganze Bandbreite, die der Garten zu bieten hat. Aus dem vielseitigen, ballaststoff- und vitaminreichen, aber kalorienarmen Kürbis, kann man einen ungewöhnlichen „Veggie-Burger", ein exotisches Curry und köstliche gefüllte Champignons zubereiten. Auch die Kartoffel besitzt viele nützliche Eigenschaften, die zu einem wohligen Sättigungsgefühl beitragen: Als Püree, frittiert oder gebacken mit Tomaten und Zwiebeln ist sie Teil von Gerichten, die ihren Platz in jedem Hauptgang verdienen.

Dasselbe gilt für die Geschmorten Cannellinibohnen und die typisch toskanischen Weißen Bohnen in Tomatensauce – diese Hülsenfrüchte liefern erhebliche Mengen an Kohlenhydraten und Ballaststoffen. Unter den regionalen Spezialitäten finden wir frischen Caprese-Salat, sizilianisch inspirierte, frittierte dicke Bohnen und Panzanella (Brotsalat) aus der Toskana. Der Freund orientalischer Geschmacksnoten schätzt die Aubergine, die über die arabische Küche zu uns gelangte – mit Minze gewürzt oder gefüllt mit Ziegenkäse und Schnittlauch und begleitet von süßsauren Zwiebeln und Tomatensauce. Tomaten und Paprikaschoten vermitteln den Duft des Sommers, wie auch jene Gerichte, die zur Ratatouille-, Peperonata- und Caponata-Familie gehören. Salate, die normalerweise als Vorspeise oder einfache Beilage dienen, verwandeln sich in ein vollwertiges Hauptgericht, vor allem mit Käse oder nahrhaften Hülsenfrüchten wie Kichererbsen, vielleicht noch durch Zitrusfrüchte oder Mais aufgepeppt und mit frischem Gemüse, Oliven und Petersilie serviert. Daneben finden sich auch leichtere Salate mit Früchten und der Weihnachtssalat, der für Liebhaber der vegetarischen Küche an die Stelle eines Hauptgerichts treten kann, das spielend der Tradition gerecht wird.

ZUTATEN FÜR 4 PERSONEN

300 g Kürbis
350 g Seitan
25 ml Natives Olivenöl Extra
Salz, Pfeffer
120 g Provolone

Leicht

Vorbereitung: 30 Minuten
Garzeit: 5 Minuten

VEGGIE-BURGER MIT KÜRBIS UND SEITAN

Den Kürbis schälen, halbieren, Kerne und Fäden entfernen und das Fleisch in 2–3 Millimeter dicke, runde Scheiben schneiden. Den Seitan in 4 Scheiben schneiden.
Die Kürbisscheiben mit Öl bestreichen und einige Minuten auf den heißen Grill legen oder in einer Pfanne braten. Gleichzeitig den Seitan grillen, salzen und pfeffern. Unterdessen den Provolone in Scheiben schneiden.
Die Kürbisscheiben mit dem Seitan und dem Käse belegen und servieren.

CAPRESE-SALAT

Die Tomaten waschen und trocken tupfen.
Den Mozzarella und die Tomaten in ähnlich große Scheiben schneiden und leicht mit Salz bestreuen.
Die Basilikumblätter waschen und vorsichtig trocken tupfen.
Die Scheiben so anrichten, dass sich Tomaten und Mozzarella abwechseln, und mit dem Basilikum garnieren.
Mit etwas Öl beträufeln und servieren.

ZUTATEN FÜR 4 PERSONEN

350 g Tomaten (vorzugsweise Fleischtomaten)
250 g Mozzarella (vorzugsweise aus Büffelmilch)
Salz
frische Basilikumblätter (nach Belieben)
30 ml Natives Olivenöl Extra

Leicht

Zubereitung: 15 Minuten

**Zutaten
für 4 Personen**

600 g Kürbis
100 g geschälte Zwiebeln
15 ml Natives Olivenöl Extra
2 EL Currypulver (oder 50 g Currypaste)
500 ml Milch (oder Kokosmilch)
Salz

Leicht

Vorbereitung: 15 Minuten
Garzeit: 20 Minuten

KÜRBIS-CURRY

Den Kürbis schälen, halbieren, Kerne und Fäden entfernen und das Fleisch in 1–2 Zentimeter große Würfel schneiden. Die Zwiebeln in Scheiben schneiden. In einer Pfanne mit dem Öl anschwitzen, dann das Curry hinzugeben.
Sobald es sich gut aufgelöst hat, das Ganze mit der Milch verflüssigen.
Alles kurz aufkochen, dann Kürbiswürfel und Salz hinzugeben.
Das Ganze etwa 20 Minuten köcheln lassen, bis der Kürbis weich und die Sauce dick genug ist.

GESCHMORTE CANNELLINIBOHNEN

Die Bohnen etwa 12 Stunden in kaltem Wasser einweichen. Dann abgießen und in kochendem, ungesalzenem Wasser 15–20 Minuten garen.
In der Zwischenzeit die zuvor enthäuteten und entkernten Tomaten würfeln.
In einer Pfanne das Öl erhitzen, die gehackte Knoblauchzehe, die Petersilie und den ganzen Thymianzweig dazugeben. Dann die Tomatenwürfel und die gekochten, kurz abgegossenen Bohnen dazugeben. Salzen, pfeffern und bei geringer Hitze noch einige Minuten weiter garen lassen.
Den Schmortopf mit einer Prise frisch gemahlenen schwarzen Pfeffer servieren.

ZUTATEN FÜR 4 PERSONEN

200 g getrocknete Cannellinibohnen
200 g Tomaten
30 ml Natives Olivenöl Extra
1 geschälte Knoblauchzehe
1 EL glatte gehackte Petersilie
1 Zweig Thymian
Salz, Pfeffer

Leicht

Vorbereitung: 15 Minuten
Einweichzeit: 12 Stunden
Garzeit: 40 Minuten

Zutaten für 4 Personen

500 g grüner Spargel
150 g Radicchio
80 ml Natives Olivenöl Extra
Salz, Pfeffer
30 g Radieschen

Leicht

Vorbereitung: 25 Minuten
Garzeit: 15 Minuten

SALAT VOM GRÜNEN SPARGEL

Den Spargel waschen, auf eine einheitliche Länge schneiden und die holzigen Enden schälen. Mit Küchengarn zusammenbinden, mit den Spitzen nach oben in kochendes Salzwasser stellen und bei mäßiger Hitze darin in etwa 10–15 Minuten bissfest kochen. Abgießen und abkühlen lassen, dann der Länge nach halbieren oder schräg in Stücke schneiden.
Die Blätter des Radicchio abzupfen, waschen und trocknen, anschließend in feine Streifen schneiden und unter den Spargel heben.
Den Salat auf Tellern anrichten, mit Öl beträufeln, mit Salz und Pfeffer bestreuen und mit fein geschnittenen Radieschenscheiben dekorieren.

SALAT MIT WARMEM ZIEGENFRISCHKÄSE

Den Filoteig in 8 Quadrate von etwa 20 x 20 Zentimeter schneiden. Jedes Blatt mit etwas Öl einstreichen. Immer 2 Blätter übereinanderlegen.
Den Ziegenfrischkäse in 4 Portionen teilen und jeweils ein Teil in die Mitte eines doppelten Teigstücks legen. Die Ecken der Filoblätter anheben und zusammendrücken, sodass eine geschlossene Teigtasche entsteht.
Bei 200 °C für etwa 8 Minuten in den Ofen schieben oder 2 Minuten bei 180 °C in Öl frittieren.
Den Blattsalat waschen, trocknen und auf den Serviertellern anrichten. 1 Teigtasche auf jedes Salatbett setzen. Nach Geschmack mit Vinaigrette anmachen.

ZUTATEN FÜR 4 PERSONEN

200 g Filoteig
100 ml Natives Olivenöl Extra
150 g Ziegenfrischkäse
250 g gemischte Blattsalate
15 ml Balsamico-Essig
Salz, Pfeffer

Leicht

Vorbereitung: 15 Minuten
Garzeit: 2–8 Minuten

Zutaten für 4 Personen

200 g Salat (Sorte „Lollo Bionda")
2 Birnen
120 g Gorgonzola
50 g Walnusskerne
100 ml Natives Olivenöl Extra
Salz, Pfeffer

Leicht

Zubereitung: 15 Minuten

SALAT AUS BIRNEN, GORGONZOLA UND WALNÜSSEN

Den Salat waschen und trocken schütteln.
Die Birnen schälen (falls erwünscht) und in Scheiben oder Würfel schneiden.
Den Salat auf Tellern anrichten, die Birnen und den klein geschnittenen Gorgonzola darauf verteilen. Die Walnüsse hacken und darüberstreuen. Das Ganze mit Öl, Salz und Pfeffer anmachen.
Alternativ können die Birnen auch halbiert und ausgehöhlt werden. Das Fruchtfleisch mit Gorgonzola-Würfeln vermengen und zurück in die Birnenhälften geben. Anschließend auf einem Salatbett servieren.

SALAT VON VIER KÄSESORTEN

Den Käse entrinden und in dünne Stäbchen schneiden.
Sellerie, Radicchio und Radieschen waschen, putzen und ebenfalls in feine Streifen schneiden.
Den Schnittlauch waschen und fein hacken.
Alle Zutaten in einer Schüssel vermengen.
Die Mayonnaise mit dem Joghurt und einer Prise Salz verrühren und über den Salat geben. Alternativ aus Öl und Balsamico-Essig eine Vinaigrette rühren und den Salat damit anmachen.

ZUTATEN FÜR 4-6 PERSONEN

Für den Salat
100 g Gruyère
100 g Provolone
100 g Caciocavallo
100 g Asiago
80 g Staudensellerie
100 g Radicchio
50 g Radieschen
10 g Schnittlauch

Für das Dressing
80 g Mayonnaise
125 g Joghurt, Natur
Salz
oder
80 ml Natives Olivenöl Extra
25 ml Balsamico-Essig
Salz

Leicht

Zubereitung: 20 Minuten

**ZUTATEN
FÜR 4 PERSONEN**

300 g Chicorée (die äußeren Blätter entfernen)
300 g Staudensellerie
Salz
30 ml Natives Olivenöl Extra
20 g Kapern
2 EL grüne Oliven
1 Orange
1 Zitrone
Samen von 1 Granatapfel

Leicht

Zubereitung: 25 Minuten

WEIHNACHTSSALAT

Chicorée und Sellerie waschen, putzen, getrennt jeweils 5 Minuten lang in reichlich Salzwasser blanchieren, abgießen und auskühlen lassen. Salz, Öl, die Kapern und Oliven zugeben. Alles durchmischen und auf einer Servierplatte anrichten. Die Orange und die Zitrone schälen und filetieren. Dazu die Spalten der beiden Früchte mit einem Schälmesser von der dünnen weißen Haut befreien und die einzelnen Filets auf dem Salat verteilen. Zuletzt noch die Granatapfelsamen darüberstreuen.

GEMISCHTER SALAT MIT ANANAS UND MELONE

Die grünen Bohnen in kochendem Salzwasser blanchieren, bis sie weich, aber noch bissfest sind. Die Melone waschen und halbieren. Eine Hälfte von Schale und Kernen befreien und das Fruchtfleisch würfeln. Die andere Hälfte ebenfalls entkernen, aber mit der Schale in sehr dünne Scheiben schneiden.
Die Ananas schälen, putzen und in großzügige Stücke schneiden. Die gegarten grünen Bohnen und die Paprikaschote grob hacken, die Tomaten vierteln. Dann Früchte und Gemüse in einer großen Schüssel vermischen.
Öl, Zitronensaft, Tabascosauce, eine Prise Salz und etwas Petersilie zu einer Marinade vermischen. Den Salat auf Serviertellern anrichten, mit dem Dressing beträufeln und mit gehackter Petersilie garnieren.

Zutaten für 4 Personen

200 g grüne Bohnen
1 Cantaloupe-Melone
1 Ananas
1 grüne Paprika
12 Kirschtomaten
80 ml Natives Olivenöl Extra
Saft von 1 Zitrone
Tabascosauce
1 EL frische Petersilie

Leicht

Zubereitung: 30 Minuten

Mittel

Vorbereitung: 45 Minuten

Garzeit: 10 Minuten

GEFÜLLTE AUBERGINEN MIT ZIEGENKÄSE, ZWIEBELN UND TOMATENSAUCE

Zutaten für 4 Personen

800 g Auberginen
Salz
150 ml Natives Olivenöl Extra
300 g frischer Caprino (Ziegenkäse)
1 Bund Schnittlauch
Pfeffer
400 g Tomaten
350 g Tropea-Zwiebeln
30 g Zucker
250 ml weißer Essig
6 große, frische Basilikumblätter

Die Auberginen waschen und der Länge nach in etwa 5 Millimeter dicke Scheiben schneiden. Diese salzen und etwa 20 Minuten in einem Sieb entwässern lassen, damit sie das überschüssige Wasser und die Bitterstoffe abgeben. Dann mit etwas Öl in einer beschichteten Pfanne bei mittlerer Hitze anschwitzen. Auf Küchenkrepp abtropfen lassen.

Den Ziegenkäse mit gehacktem Schnittlauch vermischen (einige Schnittlauchstiele zurückbehalten) und mit Salz und Pfeffer abschmecken.

Die Tomaten waschen und zusammen mit etwa 30 Milliliter Öl pürieren. Das Püree durch ein feines Sieb streichen, salzen und pfeffern.

Die Zwiebeln in Scheiben schneiden und mit dem Zucker und Essig in einem Topf erhitzen. Sobald die Mischung kocht, vom Herd nehmen und abseihen.

Basilikumblätter waschen, trocken tupfen und im Mörser mit 30 Milliliter Öl vermischen.

1 Esslöffel Käse in die Mitte jeder Auberginenscheibe setzen, zusammenrollen und jedes Röllchen mit einem Schnittlauchstiel umwickeln, damit es nicht aufgeht. Die Röllchen mit den süßsauren Zwiebeln und ein wenig Tomatensauce auf Serviertellern anrichten und mit etwas Basilikum-Öl beträufeln.

Leicht

Vorbereitung:
1 Stunde 20 Minuten

Einweichzeit: 12 Stunden

Garzeit: 20 Minuten

ITALIENISCHE WEISSE BOHNEN IN TOMATENSAUCE

Zutaten für 4 Personen

400 g getrocknete Toscanelli- oder Cannellini-Bohnen
400 g reife Tomaten
50 ml Natives Olivenöl Extra
1 geschälte Knoblauchzehe
Salz, Pfeffer
1 Zweig Salbei

Die Bohnen über Nacht (etwa 12 Stunden) in kaltem Wasser einweichen.
Am nächsten Tag die Bohnen in kaltem, ungesalzenem Wasser zum Kochen bringen und nicht zu weich garen.
Inzwischen die Tomaten blanchieren, enthäuten, entkernen und würfeln.
Das Öl in einer Pfanne erhitzen und die Knoblauchzehe darin kurz anbraten. Die Tomaten dazugeben und in etwa 10 Minuten schmelzen lassen. Die gekochten Bohnen zu den Tomaten geben, das Ganze mit Salz und Pfeffer abschmecken und noch 10 Minuten weitergaren.
Inzwischen den Salbei waschen, trocken schütteln und entweder in ganzen Blättern oder in Streifen geschnitten zu den Bohnen geben.

Leicht

Vorbereitung: 30 Minuten
Garzeit: 10 Minuten
Backzeit: 10 Minuten

MIT KÜRBIS GEFÜLLTE CHAMPIGNONS

Zutaten für 4 Personen

300 g Kürbisfleisch
12 große Champignons
1 Zweig Rosmarin
1 Zweig Thymian
1/2 geschälte Knoblauchzehe
50 g Schalotten
25 ml Natives Olivenöl Extra
Salz, Pfeffer
1 EL gehackte Petersilie
50 g geriebener Parmigiano Reggiano

Den Kürbis schälen, halbieren, die Kerne und Fäden entfernen und das Fruchtfleisch in etwa 2 Millimeter große Würfel schneiden. Die Champignons putzen, die Stiele von den Hüten trennen und die Stiele ebenfalls in etwa 2 Millimeter große Würfel schneiden. Die Kräuter waschen und trocknen. Den Knoblauch und die Schalotten schälen und mit dem Rosmarin und dem Thymian fein hacken.
Den Backofen auf 180 °C vorheizen.
Die Hälfte des Öls in einer Pfanne erhitzen, die Kürbiswürfel mit Salz und Pfeffer bei mittlerer Hitze für einige Minuten anschwitzen. Den Kürbis in eine Schüssel geben, das restliche Öl in der gleichen Pfanne erhitzen und darin die Champignonwürfel mit den Kräutern, der Schalotte, dem Knoblauch und der Hälfte der Petersilie ebenfalls etwa 2 Minuten anschwitzen.
Die Kürbiswürfel wieder in die Pfanne geben, das Ganze abkühlen lassen, dann mit dem geriebenen Parmigiano Reggiano – einen Esslöffel zurückbehalten – und der restlichen Petersilie mischen. Die Masse mit Salz und Pfeffer abschmecken.
Die Champignonhüte in eine eingeölte feuerfeste Form setzen, mit der Kürbismasse füllen und mit dem restlichen Parmigiano Reggiano bestreuen. Im Ofen 10 Minuten backen.

Zutaten für 4-6 Personen

500 g Kichererbsen, gekocht und abgetropft
10 g Schale einer unbehandelten Zitrone
10 g Schale einer unbehandelten Orange
10 g Schale einer unbehandelten Limette
75 g gelbe Paprika
50 g rote Paprika
50 g geschälte rote Zwiebel
1/4 grüner Apfel
80 ml Natives Olivenöl Extra
15 ml Weißweinessig
Salz, Pfeffer

Leicht

Zubereitung: 20 Minuten

Kichererbsen-Zitrus-Salat

Die Kichererbsen noch einmal gut abspülen und abtropfen lassen.
Die Zitrusfrüchte waschen, mit einem Zestenreißer die Schalen abziehen und fein hacken.
Die Paprika putzen, waschen und in kleine Würfel schneiden.
Die Zwiebeln und den ungeschälten Apfel ebenso würfeln.
Alle Zutaten in einer Schüssel miteinander vermengen und den Salat mit Öl, Essig, Salz und Pfeffer anmachen.

MAIS-SALAT MIT FRISCHEM GEMÜSE

Den Mais in ein Sieb geben und unter fließendem Wasser abspülen.
Das Gemüse putzen, waschen und sehr fein würfeln, lediglich die Frühlingszwiebeln in dünne Scheiben schneiden. Die Oliven abtropfen lassen und grob hacken.
Den Mais, das Gemüse und die Oliven in einer Salatschüssel miteinander vermengen und mit reichlich Öl sowie Salz und Pfeffer nach Geschmack abschmecken.
Den Salat mit der gehackten Petersilie bestreuen.

Zutaten für 4 Personen

500 g Dosenmais
300 g Paprika
100 g Gurke
70 g Staudensellerie
60 g Frühlingszwiebeln
50 g Oliven
100 ml Natives Olivenöl Extra
Salz, Pfeffer
20 g gehackte Petersilie

Leicht

Zubereitung: 10 Minuten

Zutaten für 4 Personen

2 Auberginen
Öl zum Frittieren
Salz
100 ml Natives Olivenöl Extra
6 Minzeblätter
45 ml Weißweinessig
20 g Semmelbrösel

Leicht

Vorbereitung: 15 Minuten
Garzeit: 15 Minuten

FRITTIERTE AUBERGINEN MIT MINZE

Die Auberginen waschen, an beiden Enden abschneiden und etwa 1 Zentimeter dick stifteln. In einem Topf mit heißem Öl oder in der Fritteuse frittieren und darauf achten, dass die Stifte vollkommen mit Öl bedeckt sind. Wenn sie goldbraun sind, die Stifte mit einem Schaumlöffel herausnehmen, auf einem mit Küchenkrepp bedeckten Teller abtropfen lassen und salzen.
Das Olivenöl bei schwacher Hitze in einer Pfanne erwärmen und die gewaschene und getrocknete Minze dazugeben. Nach einigen Minuten die frittierten Auberginen und den Essig dazugeben. Alles gut vermischen, dann die Semmelbrösel einstreuen, um die Sauce zu absorbieren. Die frittierten Auberginen auf eine Platte geben, abkühlen lassen und kalt servieren.

PANELLE DI FAVE – FRITTIERTE DICKE BOHNEN

Die getrockneten Bohnen über Nacht einweichen und dann in Wasser mit einer grob gehackten Zwiebel und einigen Spitzen vom wilden Fenchel in 2 bis 3 Stunden zu Mus verkochen.
Das Mus durch ein Sieb drücken und die Masse etwa 2 Zentimeter dick auf ein gut gefettetes Backblech streichen. Das Bohnenmus abkühlen lassen und in Streifen schneiden. Diese in heißem Öl frittieren, nach Belieben mit Chili bestreuen und heiß servieren.

ZUTATEN FÜR 4 PERSONEN

1 kg dicke getrocknete Bohnen
1 geschälte Zwiebel
wilder Fenchel
Öl zum Frittieren
Chilipulver (nach Belieben)

Mittel

Vorbereitung: 2–3 Stunden

Einweichzeit: 12 Stunden

Garzeit: 5 Minuten

Zutaten für 4-6 Personen

1 kg altbackenes Weißbrot
200 g Tomaten
120 g entkernte Gurke
250 g rote Paprika
150 g rote Zwiebel
1 geschälte Knoblauchzehe
30 g Sardellenfilets
1 EL in Salz eingelegte Kapern
Salz, Pfeffer
15 ml Rotweinessig
80 ml Natives Olivenöl Extra
1 Bund Basilikum

Leicht

Zubereitung: 15 Minuten

ITALIENISCHER BROTSALAT (PANZANELLA)

Das Brot in etwa 2 Zentimeter große Würfel schneiden, ohne die Rinde zu entfernen. Tomaten, Gurke und Paprika waschen, entkernen und in gleich große Würfel schneiden. Die Zwiebel schälen und grob hacken.
Den Knoblauch zusammen mit den Sardellen und den Kapern fein hacken und in eine Schüssel geben. Mit Salz und Pfeffer, Essig und Öl zu einem Dressing verrühren.
Das Gemüse und die Brotwürfel in die Salatschüssel geben und mit dem Dressing vermischen. Zuletzt das Basilikum waschen, trocknen, klein schneiden und unter den Salat mischen.

BACKKARTOFFELN MIT TOMATEN UND ZWIEBELN

Die Kartoffeln schälen, in 3–4 Millimeter dicke Scheiben schneiden und in eine Schüssel mit kaltem Wasser geben. Die Tomaten waschen und in etwa 5 Millimeter dicke Scheiben, die Zwiebeln in 2–3 Millimeter dicke Ringe schneiden.
Den Backofen auf 180 °C vorheizen. Eine Form mit Backpapier auslegen und abwechselnd Kartoffeln, Tomaten und Zwiebeln hineinschichten, bis alle Zutaten aufgebraucht sind. Das Ganze salzen, pfeffern, mit dem Olivenöl beträufeln und mit dem geriebenen Pecorino bestreuen.
Etwa 20 Minuten lang im Ofen garen. Falls das Gemüse zu stark auszutrocknen droht, mit Alufolie abdecken.

Zutaten für 4 Personen

600 g Kartoffeln
400 g Tomaten
300 g goldgelbe, geschälte Zwiebeln
Salz, Pfeffer
40 ml Natives Olivenöl Extra
40 g geriebener Pecorino

Leicht

Vorbereitung: 20 Minuten
Garzeit: 20 Minuten

FRITTIERTE KARTOFFEL-VARIATIONEN

Leicht

Vorbereitung: 20 Minuten
Garzeit: 5–7 Minuten

Zutaten für 4 Personen

400 g Kartoffeln mit gelbem Fleisch
Frittieröl
Salz

Die Kartoffeln schälen und in einen Behälter mit kaltem Wasser geben. Für die *Pariser Kugeln* werden mit einem Kartoffelbohrer mit 2,5 Zentimeter Durchmesser Kugeln ausgestochen. Für die *Nüsschen* werden mit dem 2-Zentimeter-Bohrer kleinere Kügelchen ausgestochen. Für die *Chips* werden die Kartoffeln mit dem Hobel in hauchdünne Scheiben geschnitten, für die *Frites* in regelmäßige, 7 Millimeter dicke Scheiben und dann in Stäbchen mit dem gleichen Maß. Für die *Gitterchen* einen Hobel mit gezackter Klinge verwenden und dabei die Kartoffel bei jedem Schnitt um 90 Grad drehen. Für die *Streichhölzer* die Kartoffeln in regelmäßige, 2 Millimeter dicke Scheiben und dann in Stäbchen mit dem gleichen Maß schneiden. Für die *Neue Brücke* die Kartoffeln in regelmäßige, 12 Millimeter dicke Scheiben und dann in Stäbchen des gleichen Maßes schneiden.
Die Kartoffeln aller Schnittformen in kaltes Wasser legen und mehrfach spülen.
Jede Form für sich frittieren. Für alle Formen – mit Ausnahme von Chips, Gitterchen und Streichhölzern – die Kartoffeln abgießen, trocknen und in reichlich Öl bei 150 °C etwa 5 Minuten lang frittieren, bis sie gar, aber nicht braun sind. Die Kartoffeln auf Küchenkrepp abtropfen lassen, die Temperatur des Öls auf 180 °C erhöhen und die vorfrittierten Kartoffeln erneut frittieren, bis sie die klassische Goldkruste bekommen, dann auf Küchenpapier abtropfen lassen und salzen.
Chips, Gitterchen und Streichhölzer bei 180 °C in jeweils einem Gang frittieren.

Zutaten für 4 Personen

500 g gelbe Paprika
100 g geschälte Zwiebeln
500 g San-Marzano-Tomaten
10 g Kapern
50 ml Natives Olivenöl Extra
1 geschälte Knoblauchzehe
Salz, Pfeffer

Leicht

Vorbereitung: 15 Minuten
Garzeit: 30 Minuten

PEPERONATA

Die Paprikaschoten putzen, waschen und in große Stücke schneiden. Die Zwiebel und die Tomaten in Scheiben schneiden. Die Kapern hacken.
In einer Pfanne das Öl erhitzen und darin die Zwiebeln, die gehackten Kapern und die ganze Knoblauchzehe anschwitzen. Die Paprikastücke zu den Zwiebeln geben, salzen und pfeffern und etwa 15 Minuten bei schwacher Hitze garen. Dann die Tomaten hinzufügen und alles in weiteren 15 Minuten fertig garen.

ÜBERBACKENE TOMATEN NACH MITTELMEERART

Die Tomaten waschen, vom Stielansatz befreien und halbieren. Die Tomatenhälften salzen, etwa 15 Minuten entwässern, dann abtropfen lassen.
Den Backofen auf 180 °C vorheizen.
In der Zwischenzeit die gehackten Kräuter mit dem Paniermehl mischen. Das Öl dazugeben und alles gut vermengen.
Diese Füllung auf die Tomatenhälften verteilen und das Ganze im Backofen etwa 15 Minuten backen.

ZUTATEN FÜR 4 PERSONEN

500 g Rispentomaten
Salz
1 TL gehackte glatte Petersilie
1 TL gehackte Basilikum
1/2 TL Thymianblätter
1/2 TL Oregano
1/2 TL gehackter Majoran
125 g Semmelbrösel
60 ml Natives Olivenöl Extra

Leicht

Vorbereitung: 20 Minuten
Garzeit: 15 Minuten

Leicht

Vorbereitung: 30 Minuten
Garzeit: 25 Minuten

TOMATEN MIT SÜSS-SAUREM GEMÜSE-CAPONATA

Zutaten für 4 Personen

500 g Costoluto-Tomaten
1 Aubergine
Salz
100 ml Natives Olivenöl Extra
50 g geschälte Tropea-Zwiebel
50 g Staudensellerie
100 g Zucchini

20 g Kapern
15 g Pinienkerne
Pfeffer
1 EL Essig
10 g Zucker
15 g Pistazienkerne
etwas frischer Thymian

Alle Gemüsesorten putzen und waschen. Eine der Tomaten in 5-6 Millimeter dicke Scheiben schneiden und kurz in der heißen Grillpfanne braten. Die übrigen Tomaten entkernen und würfeln.
Die Aubergine in kleine Würfel schneiden, mit etwas Salz bestreuen und entwässern lassen, dann abspülen und gut trocken tupfen.
Die Auberginenwürfel in etwas Öl braten.
Die Zwiebel, den Sellerie und die Zucchini in feine Würfel schneiden. Das restliche Öl in einer Pfanne erhitzen und Zwiebel und Sellerie darin anschwitzen. Die Zucchini dazugeben und leicht andünsten. Die Kapern und die Pinienkerne kurz mitbraten. Dann die Auberginen- und die Tomatenwürfel zum übrigen Gemüse in die Pfanne geben, einige Minuten mitbraten salzen, pfeffern. Die Caponata mit Essig und Zucker süßsauer abschmecken und zuletzt mit den gehackten Pistazienkernen bestreuen.
Die Caponata auf den in gebratenen Tomatenscheiben anrichten und mit dem Thymian garnieren.

Leicht

Zubereitung: 35 Minuten

KARTOFFELPÜREE

Zutaten für 4-6 Personen

Klassisch
500 g Kartoffeln
Salz
80 g Butter
100 g geriebener Parmigiano Reggiano
Muskatnuss
350 ml Milch

Mit Karotten
250 g Kartoffeln
500 g Karotten
Salz
30 g Butter
70 g geriebener Parmigiano Reggiano
Muskatnuss
180 ml Milch

Mit Erbsen
200 g Kartoffeln
500 g Erbsen
Salz 30 g Butter
50 g geriebener Parmigiano Reggiano
Muskatnuss
150 ml Milch

Die Kartoffeln schälen und in leicht gesalzenem Wasser etwa 25 Minuten lang kochen (zur Kontrolle mit einem Messer einstechen).
Für die aromatisierten Pürees die anderen Gemüsesorten gemeinsam mit den Kartoffeln kochen, abgießen und abtropfen lassen. Danach durch eine Gemüse- oder Kartoffelpresse passieren und in einen Topf geben. Die Butter und den geriebenen Parmigiano Reggiano dazugeben und etwas Muskatnuss darüberreiben. Die Milch erhitzen, unter das Kartoffelpüree rühren und das Ganze mit Salz abschmecken.

Zutaten für 4 Personen

200 g Auberginen
300 g Zucchini
100 g rote Paprika
100 g gelbe Paprika
200 g Datteltomaten
180 g geschälte rote Zwiebeln
100 ml Natives Olivenöl Extra
1 geschälte Knoblauchzehe
Salz, Pfeffer
4 Basilikumblätter

Leicht

Vorbereitung: 10 Minuten
Garzeit: 20 Minuten

RATATOUILLE

Das Gemüse putzen und waschen. Auberginen, Zucchini, Paprika und Tomaten in 2 Zentimeter große Würfel, Zwiebeln in Ringe schneiden, Tomaten halbieren.
In einer Pfanne auf mittlerer Stufe das Öl erhitzen und die ganze Knoblauchzehe sowie die Zwiebeln hineingeben und anschwitzen. Dann zunächst die Paprika dazugeben, einige Minuten später die Auberginen und zuletzt die Zucchini. Das Gemüse einige Minuten anschwitzen, dann die Tomaten daruntermischen und das Ganze salzen und pfeffern.
Die Ratatouille bei schwacher Hitze fertig garen und zuletzt mit dem gewaschenen und getrockneten, von Hand zerzupften Basilikum würzen.

GEDÜNSTETE ERBSEN UND PAPRIKASCHOTEN

Die Paprika waschen, Kerne und weiße Trennwände entfernen. Das Fruchtfleisch würfeln. Die Zitronenschale in Streifen schneiden.
Das Öl in einer Kasserolle erhitzen, die Knoblauchzehe darin goldbraun anbraten und herausnehmen. Paprika und Erbsen mit dem Rosmarinzweig und der Zitronenschale ins Knoblauchöl geben, salzen und pfeffern. Das Gemüse bei lebhafter Hitze etwa 30 Minuten lang garen und servieren.

Zutaten für 4 Personen

30 g rote Paprika
30 g gelbe Paprika
Schale von 1 unbehandelten Zitrone
50 ml Natives Olivenöl Extra
1 geschälte Knoblauchzehe
400 g Erbsen
1 Zweig Rosmarin
Salz, Pfeffer

Leicht

Vorbereitung: 10 Minuten
Garzeit: 30 Minuten

Leicht

Vorbereitung: 40 Minuten

Garzeit: 20 Minuten

GRATINIERTER KÜRBIS

Zutaten für 4 Personen

750 g Kürbis
150 ml süße Sahne
200 ml Milch
Salz, weißer Pfeffer
10 g Butter zum Einfetten der Form

Den Kürbis schälen, halbieren, Kerne und Fäden entfernen und das Fleisch mit einem Gemüsehobel (Mandoline) in dünne Scheiben schneiden.
Die Sahne in eine Kasserolle gießen, Milch, Kürbis, Salz und weißen Pfeffer hinzufügen. Alles aufkochen und bei mäßiger Hitze zugedeckt köcheln lassen, bis der Kürbis gar ist.
Den Backofen auf 180 °C vorheizen.
Eine feuerfeste Form mit etwas Butter einfetten und die Kürbisscheiben hineinschichten. Für etwa 20 Minuten backen, bis die Oberfläche eine schöne Färbung angenommen hat.
Abkühlen lassen und nach Belieben in Formen schneiden.
Vor dem Servieren das Gericht noch einmal einige Minuten bei 180 °C im Ofen wärmen.

Leicht

Vorbereitung: 30 Minuten

Garzeit: 20 Minuten

GEMÜSEGRATIN

Zutaten für 4 Personen

Für das Gemüse
150 g Blumenkohl
150 g Lauch, nur die weißen Teile
150 g Rosenkohl
Salz

Für die Béchamelsauce
60 g Butter
40 g Mehl
500 ml Milch
Salz
Muskatnuss
50 g geriebener Parmigiano Reggiano

Blumenkohl, Lauch und Rosenkohl waschen, den Blumenkohl in Röschen schneiden, Wurzeln und grüne Teile vom Lauch und äußere Blätter vom Rosenkohl entfernen. Das Gemüse separat in Salzwasser garen, bis es so weich ist, dass man es leicht mit einem Messer schneiden kann. Abgießen und abkühlen lassen.
Inzwischen die Béchamelsauce zubereiten. Dazu drei Viertel der Butter in einem kleinen Topf zerlaufen lassen und mit dem Mehl vermischen. Die Masse 1–2 Minuten lang bei geringer Wärmezufuhr köcheln lassen, bis sie eine gelbliche Färbung annimmt. Die Milch zur Butter-Mehl-Mischung geben, das Ganze vorsichtig unter häufigem Umrühren zum Kochen bringen und 1 Minute lang kochen lassen, dann mit Salz und etwas geriebener Muskatnuss abschmecken.
Backofen auf 180 °C vorheizen. Eine große oder ein paar kleine Auflaufformen mit der restlichen Butter ausfetten, das Gemüse hineingeben und mit Béchamelsauce bedecken. Geriebenen Parmigiano Reggiano darüberstreuen und etwas geschmolzene Butter darauftäufeln. Im heißen Ofen 20 Minuten lang gratinieren, bis sich eine goldbraune Kruste bildet.

DAS DESSERT

KÖSTLICHES FÜR JEDEN GAUMEN

Eine vegetarische Ernährungsweise bedeutet keineswegs eine Beschränkung der Auswahlmöglichkeiten bei Desserts. Tatsächlich sind fast alle üblichen Zutaten mit ihr vereinbar. Viele unserer Rezepte sind sogar gesünder als traditionelle Desserts, zum Beispiel leichte Nachspeisen mit frischen Früchten der Saison. Die phänomenale Kakaobohne und ihre Produkte eröffnen uns viele Möglichkeiten, die den Gaumen bezaubern. Und wer vermag schon einer sinnlich-delikaten Panna Cotta oder den Ventagli, dem kleinen, köstlichen Windgebäck aus goldenem Blätterteig, zu widerstehen? Der Verzicht auf solche Gaumenfreuden würde die italienische Küche eines grundlegenden Teils ihres wunderbaren Erbes berauben.

In jeder Region Italiens herrschen Fantasie und Vorstellungskraft, die sich in einem außergewöhnlichen Repertoire von (zum Teil exklusiven lokalen) Spezialitäten offenbaren. Manche Kreationen sind alltäglich, andere subtil und raffiniert. Birnen in Rotwein und Bratäpfel mit Rosinen und Mandeln sind einfache und gesunde Rezepte, deren Geschmack an die Köstlichkeiten der guten alten Zeit erinnert. Zu den eher rustikaleren Desserts gehören ein Kastanienkuchen (Castagnaccio) mit Rosinen und Pinienkernen, der in vielen Teilen Italiens anzutreffen ist, und der Haselnusskrokant (Croccante alle Nociole), die beide mit Trockenfrüchten zubereitet werden, aber auch die Schokoladentaler (Tegoline al Cioccolato), deren Teig nach Mandeln und Kakaobohnen schmeckt. Schokolade ist die Königin der Patisserie. Die samtene Textur einer heißen Trinkschokolade mit Chili, die kräftigt und belebt, und die weiche Beschaffenheit eines Puddings oder einer köstlichen Mousse sind unbeschreiblich. Wer Freude an verschiedenen Schokoladensorten von Weiß bis Zartbitter hat und mit vielfältigen Dekorationen experimentieren möchte, dem bieten die Süßen Trüffel Gelegenheit, sich selbst einmal als Konfiseurin oder Konfiseur zu versuchen.

Das in Kugeln servierte, erfrischende Zitronensorbet und die Granita in den Varianten Orange oder Kaffee wiederum machen uns mit allen Farben und Aromen der mediterranen Tradition in der italienischen Dessertfamilie bekannt.

Zutaten für 4 Personen

400 ml süße Sahne
4 Eigelbe
110 g Zucker
20 g ungesüßtes Kakaopulver
20 g gehackte Zartbitterschokolade

Leicht

Vorbereitung: 15 Minuten
Garzeit: 1 Stunde
Kühlzeit: 2 Stunden

SCHOKOLADEN-FLAN

Die Sahne bei niedriger Temperatur erwärmen. Die Eigelbe in einer Schüssel mit dem Zucker und dem Kakaopulver schaumig schlagen.
Die heiße Sahne vorsichtig nach und nach unter die Eimasse rühren, dann die gehackte Schokolade gut untermischen, hierbei jedoch die weitere Bildung von Schaum vermeiden.
Die Creme in geeignete Förmchen füllen und bei 100 °C für etwa 1 Stunde im Wasserbad backen, bis der Pudding fest geworden ist.
Aus dem Ofen nehmen und abkühlen lassen, dann für mindestens 2 Stunden in den Kühlschrank stellen.

HEISSE SCHOKOLADE MIT CHILI

Den Zucker mit dem Kakaopulver, der Maisstärke und einer Prise Chilipulver vermischen.
Sahne und Milch in einem kleinen Topf bei niedriger Temperatur erwärmen, dabei die Zuckermischung mit einem Schneebesen unterrühren.
Die Schokolade vom Herd nehmen und nach Geschmack noch einmal mit Chilipulver abschmecken, dann in Tassen füllen und in jede einen Riegel Zartbitterschokolade legen, damit er langsam in der Sahnemilch schmilzt. Nach Belieben mit Schlagsahne dekorieren.

Zutaten für 4 Personen

Für die heiße Schokolade
100 g Zucker
25 g ungesüßtes Kakaopulver
10 g Maisstärke
eine Prise Chilipulver
100 ml Sahne
500 ml Milch
100 g Zartbitterschokolade

Zur Dekoration
200 g gezuckerte Schlagsahne

Leicht

Vorbereitung: 5 Minuten
Garzeit: 10 Minuten

Schwer

Zubereitung: 45 Minuten

BONBONS

Zutaten für etwa 500 Gramm Süßigkeiten

1 gehäufter TL (5 g) Zitronensäure in Pulverform
350 g Zucker
150 ml Glukosesirup
Sonnenblumenöl
natürliche Speisefarben und Aromen nach Belieben

Die Zitronensäure in der gleichen Menge kalten Wassers (5 Gramm) auflösen. Zucker, Glukosesirup und 125 Milliliter Wasser in einem kleinen Topf auf 142 °C erhitzen (dazu ein Küchenthermometer benutzen).
Die heiße Zuckermasse langsam auf eine leicht geölte Marmorfläche gießen und 3–4 Minuten abkühlen lassen.
Nun die gewünschten Aromen und Farben sowie 1 Teelöffel der aufgelösten Zitronensäure zugeben und die Zuckermasse dann mehrfach mit einem Küchenspachtel aus Metall durchmischen.
Wenn sie abzukühlen beginnt, aber noch nicht fest ist, muss die Mischung mit einer großen Schere zuerst in lange Streifen und dann in einzelne Bonbons geschnitten werden (Professionelle Bonbonhersteller verwenden eine spezielle Maschine, um sie in Form zu bringen).
Die Süßigkeiten abkühlen lassen und einzeln in Papier wickeln, um sie vor Feuchtigkeit zu schützen.

Leicht

Zubereitung: 4 Stunden

ORANGENGRANITA

Zutaten für 4 Personen

abgeriebene Schale von 2 unbehandelten Orangen
150 ml Orangensaft
75 g Zucker
50 ml Zitronensaft

Die Orangen sorgfältig waschen und von beiden die Schale abreiben. Darauf achten, dass keine bitteren weißen Teile mit abgerieben werden. Dann die Orangen auspressen und den Saft durch ein feines Sieb seihen.
250 Milliliter Wasser mit dem Zucker in 4–5 Minuten zu einem Sirup kochen. Abkühlen lassen, dann mit dem Saft der Zitrusfrüchte und der geriebenen Orangenschale vermischen.
Die Masse 1 Stunde ins Tiefkühlfach stellen, bis sich Eiskristalle bilden. Dann gut durchschlagen und erneut tieffrieren. Diesen Vorgang mindestens 4- oder 5-mal wiederholen. Die Granita ist fertig, wenn das Eis eine gleichmäßig körnige Konsistenz angenommen hat.

Zutaten
für 4 Personen

100 g Zucker
150 ml Espresso

Leicht

Zubereitung: 2 Stunden

KAFFEEGRANITA

Den Zucker im kochend heißen Kaffee auflösen, dann 250 Milliliter Wasser zugießen und die Flüssigkeit abkühlen lassen. In eine Schüssel gießen und ins Tiefkühlfach stellen.
Die Granita von Zeit zu Zeit mit einem Schneebesen durchmischen, damit angefrorene Bestandteile wieder aufgelöst werden und erneut tiefgefrieren.
Diesen Vorgang so oft wiederholen, bis die Granita eine homogene Beschaffenheit angenommen hat.
Die fertige Granita aus dem Tiefkühlfach nehmen, auf 4 Dessertschälchen verteilen und servieren.

BRATÄPFEL
MIT ROSINEN UND MANDELN

Den Backofen auf 180 °C vorheizen. Die Äpfel waschen und das Kerngehäuse mit einem Ausstecher entfernen.

Die Aprikosenmarmelade mit den Rosinen vermischen. Die halbierten Früchte mit dieser Mischung füllen und mit den Mandelsplittern bestreuen. Zuletzt die Apfelhälften mit Puderzucker und etwas gemahlenen Zimt bestreuen und in einer gebutterten Form bei 180 °C etwa 15 Minuten im Ofen backen.

ZUTATEN FÜR 4 PERSONEN

4 gold- oder rotgelbe Äpfel
80 g Aprikosenmarmelade
40 g Rosinen
5 EL Mandelsplitter
25 g Puderzucker
gemahlener Zimt
Butter zum Fetten der Form

Leicht

Vorbereitung: 20 Minuten
Garzeit: 15 Minuten

Zutaten für 4-6 Personen

250 g Zartbitterschokolade
400 ml süße Sahne

Leicht

Vorbereitung: 30 Minuten
Gefrierzeit: 3 Stunden

ZARTBITTERE SCHOKOLADEN-MOUSSE

Die Zartbitterschokolade hacken und in eine Schüssel füllen.
250 Milliliter süße Sahne in einem kleinen Topf aufkochen und über die Schokolade gießen. Mit einem Küchenspachtel verrühren, bis eine glatte und weiche Creme entsteht. Auf 30 °C abkühlen lassen.
In der Zwischenzeit die restliche Sahne halbsteif schlagen und vorsichtig unter die Schokoladenmasse heben. Die Mousse in geeignete Silikon-Förmchen (z. B. Halbkugeln) füllen und für mindestens 3 Stunden ins Gefrierfach stellen, bis die Masse komplett erhärtet ist. Dann die Mousse aus den Förmchen lösen, auftauen lassen und nach Belieben dekorieren (z. B. mit Splittern aus Zartbitterschokolade).

PANNA COTTA

Die Gelatine in kaltem Wasser 10 Minuten einweichen. Aus 100 Gramm Zucker Karamell herstellen und die Innenseite einer großen feuerfesten Form oder mehrere kleine Formen damit auskleiden.
Sahne, Milch und den restlichen Zucker in einer Kasserolle auf mittlerer Flamme erhitzen. Wenn die Mischung fast kocht, die Vanille und die gut ausgedrückten Gelatineblätter einrühren, bis die Mischung glatt ist.
Diese in die mit Karamell vorbereiteten kleinen Formen oder in eine größere Form geben. Vor dem Servieren mehrere Stunden im Kühlschrank fest werden lassen. Zum Stürzen die Form bzw. Formen kurz über eine heiße Herdplatte halten und das restliche Karamell darübergießen.

Zutaten für 10 Personen

4 Gelatineblätter
200 g Zucker
1 kg süße Sahne
200 ml Vollmilch
2 Vanilleschoten

Mittel

Vorbereitung: 25 Minuten
Garzeit: 10 Minuten
Kühlzeit: 2–3 Stunden

Leicht

Vorbereitung: 10 Minuten

Garzeit: 20 Minuten

BIRNEN IN ROTWEIN

ZUTATEN FÜR 4 PERSONEN

4 Birnen
500 ml Rotwein
80 g brauner Zucker
1–2 Gewürznelken
1 Zimtstange

Die Birnen schälen und in einen kleinen, hohen Topf geben. Den Wein dazugießen, sodass die Früchte bedeckt sind. Dann den Zucker, Gewürznelken nach Geschmack und eine Zimtstange hinzufügen.
Alles bei schwacher Hitze kochen, bis die Birnen weich sind (mit einem Zahnstocher überprüfen). Die Garzeit hängt von der Birnensorte ab.
Die Rotweinbirnen im Topf abkühlen lassen und warm oder kalt servieren.

Leicht

Zubereitung: 45 Minuten

EDLE TRÜFFELPRALINEN

Zutaten für 12 Portionen

Für die dunklen Trüffel:
65 g Zartbitterschokolade
50 g geröstete Haselnüsse
100 g Puderzucker
12 g ungesüßtes Kakaopulver
20 ml Natives Olivenöl Extra
Zur Dekoration:
süßes oder ungesüßtes Kakaopulver

Für die weißen Trüffel:
60 g weiße Schokolade
60 g ganze Mandeln
65 g Puderzucker
Zur Dekoration:
40 g geröstete Mandelsplitter
100 g weiße Schokolade
Puderzucker

Für die Pistazientrüffel:
100 g Zartbitterschokolade
30 g gehackte Pistazien
25 g Pistazienkerne
Zur Dekoration:
100 g weiße Schokolade
50 g fein gehackte Pistazien
Puderzucker

Für die *dunklen Trüffel* Schokolade schmelzen und alle Zutaten damit vermischen, dabei nach und nach soviel Öl zugeben, wie erforderlich ist. Auf einer mit Kakaopulver bestäubten Arbeitsfläche aus der Masse längliche Wülste rollen, dann in kleine Stücke schneiden. Aus den Stücken kleine Kugeln formen und im Kakaopulver wälzen.
Für die *weißen Trüffel* Mandeln und Puderzucker in der Küchenmaschine mahlen. Die weiße Schokolade schmelzen, mit der Mandel-Puderzucker-Mischung gut vermengen. Auf einer mit Puderzucker bestäubten Arbeitsfläche aus der Masse längliche Würste rollen, dann in kleine Stücke schneiden. Die Schokolade für die Dekoration schmelzen lassen und beiseitestellen. Aus den Stücken kleine Kugeln formen, mit einer dünnen Schicht der warmen, flüssigen Schokolade überziehen und sofort mit sanftem Druck in den Mandelsplittern wälzen.
Für die *Pistazientrüffel* die Zartbitterschokolade zerlaufen lassen und mit allen Zutaten vermischen. Auf einer mit Puderzucker bestäubten Arbeitsfläche aus der Mischung erst längliche Wülste rollen, diese dann in kleine Stücke schneiden. Die zur Dekoration bestimmte weiße Schokolade zerlaufen lassen und beiseitestellen. Aus den Stücken kleine Kugeln formen, diese mit einer dünnen Schicht der warmen, flüssigen Schokolade überziehen und sofort mit sanftem Druck in den fein gehackten Pistazien wälzen.

ZUTATEN FÜR ETWA 1 LITER HALBGEFRORENES

190 g Sucrose
38 g Glukosesirup in Pulverform
13 g Dextrose (Traubenzucker)
7,5 g Stabilisator
190 ml Zitronensaft

Leicht

Vorbereitung: 30 Minuten
Kühlzeit: 6 Stunden

ZITRONENSORBET

Die trockenen Zutaten (Sucrose, Glukosesirup in Pulverform, Dextrose und Stabilisator) vermischen.
Die Pulvermischung nach und nach in 440 Milliliter kochendes Wasser einstreuen, mit dem Schneebesen gut vermengen und auf eine Temperatur von 65 °C bringen (dazu ein Küchenthermometer benutzen).
Die Masse erkalten lassen und 6 Stunden bei etwa +4 °C kühl stellen.
Den Zitronensaft zugießen, das Sorbet in eine Eismaschine geben und fertig stellen. Die dafür benötigte Zeit hängt vom jeweiligen Maschinentyp ab.

WUNDERBARES WINDGEBÄCK

Den Blätterteig auf einer leicht mit Zucker bestäubten Arbeitsfläche zu einem 2 Millimeter dicken Rechteck ausrollen. Dieses mit Zucker bestreuen und den Teig dann von beiden Enden her zur Mitte hin aufrollen.
Die beiden in der Mitte entstandenen Teigrollen aneinanderdrücken, sodass sie sich präzise zusammenfügen, und die „Doppelrolle" in 2 Zentimeter dicke Streifen schneiden. Diese in den Zucker drücken und in sauberen Reihen mit genügend Abstand voneinander, auf einem sauberen (ungefetteten) Backblech anordnen. Bei 230 °C 15 Minuten im Ofen backen. Nach der Hälfte der Backzeit wenden.

ZUTATEN FÜR 4-6 PERSONEN

300 g Blätterteig
Zucker

Leicht

Vorbereitung: 20 Minuten
Backzeit: 15 Minuten

Leicht

Vorbereitung: 15 Minuten

Ruhezeit: 12 Stunden

Backzeit: 20 Minuten

SCHOKOLADENTALER MIT MANDELN

Zutaten für 4 Personen

Für den Teig
125 g brauner Zucker
28 g Glukosesirup
15 g Wasser
65 g Butter
Salz
90 g Mandelsplitter
65 g Mehl
25 g gehackte Kakaobohnen

Für die Glasur
200 g Zartbitterkuvertüre

In einem Topf den Zucker mit dem Glukosesirup, dem Wasser und der Butter zum Schmelzen bringen. Eine Prise Salz und die Mandelsplitter hinzugeben und alles gut verrühren. Zum Schluss noch das Mehl darübersieben und die zerhackten Kakaobohnen untermischen. Das Ganze in eine Schüssel umfüllen, mit Frischhaltefolie abdecken und einen Tag kühlstellen.
Den Backofen auf 160 °C vorheizen. Aus dem Teig kleine Kugeln von der Größe einer halben Walnuss formen, mit reichlich Abstand voneinander auf einem Backblech verteilen und etwa 20 Minuten backen. Danach herausnehmen, kurz abkühlen lassen. Die Kekse, so lange sie noch weich sind, über ein Nudelholz oder eine Flasche legen, sodass sie eine gebogene Form annehmen.
Die Kuvertüre im Wasserbad oder in der Mikrowelle bei 45–50 °C (ein Küchenthermometer benutzen) schmelzen. Ein Drittel bis die Hälfte davon auf einen Marmorteller gießen und dort mehrfach mit einem Küchenspachtel wenden, bis sie auf 26–27 °C abgekühlt ist. Wieder mit der verbliebenen Kuvertüre vermischen, die bei einer Temperatur von 31–32 °C benutzt werden kann.
Das abgekühlte Gebäck zur Hälfte in die Schokolade tauchen. Abtropfen lassen und zum Aushärten beiseitelegen. Erst servieren, wenn die Glasur komplett fest geworden ist. Vor Feuchtigkeit geschützt lagern.

ALPHABETISCHES REZEPTVERZEICHNIS

ALPHABETISCHES ZUTATENVERZEICHNIS

ALPHABETISCHES ZUTATENVERZEICHNIS

WHITE STAR VERLAG

WS White Star Verlag®
ist eine eingetragene Marke von De Agostini Libri S.p.A.

Via G. da Verrazano, 15 - 28100 Novara, Italien
www.whitestar.it - www.deagostini.it

Übersetzung: Gina Beitscher, Adriana Enslin, Maria Cristina Ferrari e C. S.a.s.,
Free z'be - Paris, Grafikhaus - München, Britta Köhler, Soget srl, Claudia Theis-Passaro
Redaktion Deutschland: VerlagService

ISBN 978-88-6312-227-5
1 2 3 4 5 6   18 17 16 15 14

Gedruckt in China

Umschlagrückseite: © Deborah Kolb/123RF